영업의 일류, 이류, 삼류

영업의
일류,
이류,
삼류

이바 마사야스 지음

이지현 옮김

지상사 Jisangsa

EIGYOU NO ICHIRYU, NIRYU, SANRYU
© MASAYASU IBA 2015
Originally published in Japan in 2015 by ASUKA PUBLISHING INC.,TOKYO.
translation rights arranged with ASUKA PUBLISHING INC.,TOKYO through
TOHAN CORPORATION, TOKYO and EntersKorea Co., Ltd., SEOUL.

이 책의 한국어판 저작권은 (주)엔터스코리아를 통해 저작권자와 독점 계약한 지상사에 있습니다.
저작권법에 의하여 한국 내에서 보호를 받는 저작물이므로 무단전재와 무단복제를 금합니다.

들어가며

◆ **겨우 목표를 달성했는데, 기쁘지 않은 이유는?**

나는 결코 해서는 안 되는 행동을 저지르고 말았다.

구인 광고 영업을 시작한 지 1년이 지났을 무렵이었다.

목표 달성이 불투명해 보이는 낭떠러지 끝.

쓸 카드를 모두 소진한 상태.

'목표를 달성하고 싶다…. 아니, 안 하면 큰일 날 거야!'

소심한 성격인 나는 어떤 큰일이 일어나는지도 모르면서 안절부절못하고 초조해했다.

낭떠러지 끝, 궁지에 몰릴 대로 몰린 사람은 이상한 판단을 내리는 법이다.

출근길 지하철 안에서 갑자기 번뜩 이런 생각이 들었다.

'이렇게 된 이상 아무 고객한테나 매달려 보자!'

이때는 이 행동이 얼마나 말도 안 되는 것인지 충분히 자각하지 못했다.

어쨌든 나는 '그러는 수밖에 없어!' 또는 '웃을 테면 웃어라!'라며 자포자기의 심정과 반항심이 뒤섞인 이상한 결단을 내리고 말았다.

소심한 사람이 궁지에 몰리면 묘한 에너지가 나오니 참으로 신기한 일이 아닐 수 없다.

어제 '구인 예정이 없다'라며 거절한 고객도 다시 찾아갔다.

당연히 거절당했다. 그런데 다른 고객이 '그렇군요. 얼마나 곤란한지 잘 알겠어요. 계약서를 좀 봅시다'라며 응해주는 것이 아닌가?

그 순간, 그 고객이 신처럼 보였다.

나는 그렇게 목표를 달성했다.

하지만 안도의 순간이 지나자, 난생처음으로 맛보는 매우 더럽고 씁쓸한 기분에 휩싸였다.

'이제 그만 하자. 초라하다. 볼썽사납다….'

진심이었다.

내심 '고객 중에 마음이 약하고 착한 사람이라면 해줄지도 몰라…'라며 기대했던 것 같다.

인정하고 싶지 않았다.

하지만 고객의 이런 여린 마음과 양심을 악용한 영업이었다고 나 자신을 질책하지 않으면 앞으로 나아갈 수 없다는 생각이 들었다. 그리고 깊이 반성했다.

곧바로 나는 고객을 찾아갔다.

그리고 진심을 담아서 사죄했다.

"괜찮아요. 신경 쓰지 말아요(웃음)."

역시 선량한 고객이었다.

정정당당하게 최고의 영업맨이 되겠다고 결심한 순간이었다.

◆ 소심한 놈, 정정당당하게 1등이 되겠다고 결심하다!

죄지은 사람이 다시 태어나겠다고 결심하면 딴사람이 된다고 들 하지 않던가?

나는 그 기분을 조금은 알 것 같다.

그날 이후 '최고 영업맨', '일류 영업맨'이 되겠다는 목표를 진지하게 생각했다.

일단 근무하고 있던 '리크루트 분야에서 1등 영업맨이 되어 보자'라고 마음먹었다.

소심한 사람은 증거를 가지려는 특징이 있다. 나는 증거로 정정당당하게 열심히 제안하는 기술을 갈고닦았다.

그리고 노력의 대가로 아르바이트 사업 분야에서 최고 평가를 받았고 해외 연수생으로 발탁까지 됐다.

이것으로 '최고가 됐다.

1등이야.

일류란 말이다!'라고 생각했는데, 주변의 반응은 달랐다. '인재 사업과 관련된 모든 영역을 아우르는 종합 분야에서 1등이 되어야 진짜 일류'라고 말하는 것이 아닌가?

그런데 이때 나는 인생의 분기점에 서게 됐다.

상사가 '다음 편집장 자리를 주겠다'라며 인사 발령을 제안한 것이다.

출세 코스였다.

회사가 나에게 기대를 걸고 제시한 자리였다.

당연히 흔들렸다. 하지만 나는 과감하게 사표를 던졌다.

모든 영역을 아우르는 종합 분야의 영업맨이 되는 길을 택한 것이다.

스스로도 '참 대책 없다'라고 느꼈던 순간이다.

그렇지만 나에게는 승산이 있었다. 물론 첫 2주 동안은 막막했다. 하지만 그 무렵에 나는 성과를 내는 방법을 어느 정도 알고 있었다.

예를 들어 처음 만난 고객에게 어떻게 이야기의 물꼬를 트면 좋을지, 그 요령을 알고 있었다.

선배에게 배운 것과 실전 경험을 통해서 얻은 것을 조합하여 나만의 '이론'을 만든 것이다.

그리고 이 이론을 적용하자, 나 자신조차도 깜짝 놀랄 만한 예상 밖의 결과가 나왔다. 첫해부터 전국의 연간 1위 자리에 오르게 된 것이다. 심지어 이듬해에도 전국의 연간 1위 자리를 차지했다.

나는 양심의 가책을 느끼는 행동은 절대로 하지 않았다. 고객에게 애원하는 비겁한 영업도 하지 않았다. 고객의 비위를 맞추는 가식적인 영업도 하지 않았다.

오로지 정정당당하게 나만의 '이론'을 적용하고 따랐다.

◆ 일류 영업에는 사실 '이론'이 있다!
나는 이 책을 통해서 그 이론을 소개하고자 한다.
물론 이 책에 다 싣지 못하는 것도 많겠지만 '이것만은 꼭 알았으면 좋겠다'라고 생각한 이론을 엄선해서 소개하도록 하겠다.

영업에는 특별한 '재능'도 '근성'도 필요 없다.
- '끈질김'과 '열정'의 차이를 알고
- '신용'과 '신뢰'의 차이를 알고
- '기대에 부응한다'와 '기대를 뛰어넘는다'의 확실한 차이를 알면 된다.
- 그리고 이를 '아는가', '알지 못하는가'가 매우 중요하다.

이런 미묘한 차이를 아는 것이 일류 영업맨의 길을 여는 열쇠다.
하지만 '영업의 이런 미묘한 차이'를 알려주는 사람(멘토)은 좀처럼 없다.
나는 운이 좋게도 훌륭한 선배를 만났고 수많은 실전 현장에서 훈련받았다.

지금은 연수 회사를 설립하여 연간 1천 명 이상의 영업맨에게 이 '영업의 미묘한 차이'를 기초로 한 이론을 소개하고 있다.
'영업의 미묘한 차이'를 알면 영업은 점점 더 재미있어진다. 꼬리에 꼬리를 물고 고객이 늘어나고 자연스레 실적도 쑥쑥 오른다.
나는 일류 영업맨은 '무엇을 하는지', '어떻게 하는지'를 생각해

볼 수 있도록 일부러 퀴즈 형식의 문장을 채택했다. 퀴즈를 풀어 나간다는 기분으로 즐기면서 영업의 미묘한 차이를 습득해 보길 바란다.

이 책이 당신의 멘토로서 조금이라도 도움이 된다면 무척 기쁠 것이다.

당신과 만나게 되어서 무척 반갑고 설렌다.
설렘을 한 아름 안고 이제 출발해 보자.
정정당당한 일류의 세계로!

주식회사 라시사라보

연수 트레이너

이바 마사야스(伊庭正康)

차례

CHAPTER 2 일류의 '신뢰 관계 형성'이란?

CHAPTER 3 일류의 '상담(商談)'이란?

CHAPTER 4 일류의 '동기(motivation) 향상법'이란?

CHAPTER 5 일류의 '영업 툴'이란?

Chapter 1

일류의 '각오'란?

영업은
고객을 감동시키는 예술이다

매년 나는 1천 명 이상의 영업맨을 대상으로 연수와 강연을 진행하면서 확신하게 됐다.

프로 혹은 일류라 불리는 영업맨의 행동에는 '서프라이즈'가 있다는 것을 말이다.

여기서 말하는 프로 혹은 일류란 고객이 너도나도 찾는 인기가 많은 사람이다.

대부분의 영업맨은 고객이 원하는 것을 들어주고 만족시키려고 노력한다.

하지만 일류 영업맨은 고객이 원하는 것을 들어주는 것만으로는 부족하다고 생각한다.

'서프라이즈가 어딘가에 있어야…'라면서 '고객의 기대는 부응하는 것이 아니라 뛰어넘는 것'이 그들의 룰이다.

나는 영업만큼 예술적인 일은 없다고 생각한다.
자료, 제안, 복장, 인사, 상대방을 부르는 방법까지 무엇을 보든 그렇다.

이런 영업적인 요소는 사람에 따라 다르게 적용되기 때문에 이런 하나하나의 요소에는 정답이 없다.
오로지 자신이 생각한 대로 고객에게 '서프라이즈'를 지속적으로 제공하고 그 결과 고객에게 '계약'이라는 박수를 받는다.
고객의 기대를 뛰어넘는 것이다. 당신이기에 가능한 독창성 (originality)을 갈고닦아 보지 않겠는가?

이번 장에서는 누구나 할 수 있는 간단한 것이지만 많은 사람들이 의외로 모르는 일류 영업맨이 실천하고 있는 그들만의 룰을 하나씩 소개하겠다.

삼류는 '여러 번 방문하는 것'으로
이류는 '고객에게 이득인 정보'로 격차를 벌린다.
일류는 무엇으로 격차를 벌릴까?

일단 질문을 하겠다.

'끈질김'과 '열정'의 차이는 무엇일까?

둘 다 적극적인 자세를 보이지만 전혀 다르다.

다시 질문이다.

'끈질김'에는 없고 '열정'에는 있는 것은 무엇일까?

바로 '반가운 정보'의 유무다. '고객에게 이득인 정보'를 말하는 것이 아니다.

'고객에게 이득인 정보'는 가격이 떨어진다거나 상품을 하나 끼워준다는 식의 이야기다.

'반가운 정보'는 고객이 그 정보를 듣고서 '센스 있군요!'라고 말해주는 이야기다.

예를 들어 레스토랑 정보지의 일류 영업맨은 고객인 점장을 찾아갈 때 '매출을 올리는 성공 사례'를 준비해서 간다.

예전에 구인 광고 영업을 했을 때 나는 담당 고객이 아닌 경쟁사의 고객에게도 마치 담당 고객을 대하는 것처럼 했다. 채용되길 응원하겠다면서 면접 성공 매뉴얼, 채용 통지와 불채용 통지 서식 등을 준비해서 건네는 등 차별화를 꾀한 것이다.

"저한테 왜 이렇게까지 하세요?"

고객에게 이런 말을 들으면 반드시 기회를 얻을 수 있다.

한편 이런 사람도 있다.

'만나줄 때까지 일단 찾아간다. 밤낮없이…'

일에 임하는 자세와 각오는 나무랄 데 없지만 고객은 '막무가내', '제멋대로'라는 인상을 받는다.

즉 '고객에게 이득인 정보'도 '반가운 정보'도 없이 무턱대고 여러 번 찾아가는 행동은 '끈질기다'라는 인상을 심어주려고 찾아가는 꼴이다.

이런 방식의 영업은 50~60년대식 구닥다리다. 지금은 영업의 룰이 완전히 바뀌었다.

'반가운 정보'도 없는데 밤낮없이 쳐들어가는 영업은 지금 당장 그만두는 것이 좋다.

자, 정리하겠다.

고객을 여러 번 찾아가는 행동이 나쁜 것은 아니다.

다만 '센스가 있다'라는 말을 들을 수 있는 '반가운 정보'를 반드시 준비해야 한다. 그렇게 하면 고객은 당신을 '열정'이 넘치는 사람으로 생각할 것이다. 고객에게 무엇이 반가운 정보인지 곰곰이 생각해 보길 바란다.

어렵게 생각할 필요는 없다.

따로 시간을 들여서 뭔가를 거창하게 만들지 않아도 괜찮다. 회사에서 준비한 자료나 정보도 좋다.

다만 한 마디라도 좋으니 직접 쓴 코멘트를 덧붙여 보자.

'도움이 되었으면 해서 준비했습니다', '조금이나마 도움이 되었으면 좋겠습니다'라고.

이런 미세하고도 미묘한 차이가 바로 영업의 예술이다.

당신의 이런 세심한 배려에 고객은 내심 놀랄 것이다.

그리고 마음이 움직일 것이다.

일류는 '반가운 정보'로
격차를 벌린다.

 따라서 항상 고객에게 '센스가 있다'라는
말을 들을 수 있도록 노력하자.

삼류는 '소셜 네트워크(SNS)'를 이용하고
이류는 '인터넷'에서 검색한다.
일류는 어떻게 할까?

가령 기업(법인)을 대상으로 영업을 한다고 하자.

사무실을 방문하기 전에 '그 기업의 상품' 정도는 알아야 할 것이다.

이때 당신은 상품 관련 정보를 어떻게 얻는가?

소셜 네트워크(SNS)로 동료에게 물어봤자 '잘 모르겠다'라는 대답만 돌아올 것이다.

대개는 인터넷에서 검색한다.

하지만 이것으로는 부족하다.

일류 영업맨은 가능한 범위 내에서 정찰에 나선다. 현장의 생동감(reality)을 직접 느낄 수 있기 때문이다.

물론 정찰이라고 해서 탐정처럼 움직이는 것은 아니다(웃음).

시뮬레이션을 한번 해보자.

당신은 부품 제조업체의 영업맨이다. 선배에게 안마의자 회사 (A사)를 인계받았다.

일단 인계를 받았을 때 당신은 어떤 생각을 할 것 같은가?

일류라면 '한 달 안에 전임자보다 낫다'는 말을 들어야겠다고 생각할 것이다.

그렇다면 A사 제품을 알아보기 위해서 가전제품 매장에 정찰을 나서보자.

그리고 일반 고객인 것처럼 위장하고 점원에게 이렇게 물어라.

"궁금해서 그러는데, 이 제품(A사 제품)은 주로 어떤 분들이 사길 꺼려하시나요?'

"이 제품의 기능은 다양한데 버튼이 많아서 나이 드신 분들은 사용하기 어려워하세요. 그래서 불만도 많이 나오는 편이고 잘 안 사세요."

정찰에서 돌아와 고객에게 이런 현장 이야기(피드백)를 전달하면 어떻겠는가?

당연히 '이렇게까지 조사해 주다니 정말 대단하군요'라고 말할 것이다.

자, 정리하겠다.

요즘은 기업 연수를 통해서 3C 등의 비즈니스 프레임을 학습

할 기회가 늘고 있다.

하지만 대부분의 영업맨이 연수를 듣고 공부를 해도 실전에 제대로 활용하지 못하는 실정이다. 표면적으로만 이해할 뿐 고객의 마음을 사로잡으려고 하지 않는다.

이때 '어떻게 활용하면 좋을지'를 고민해 보면 할 수 있는 것이 꽤 많다.

가령 앞의 예시처럼 고객사의 제품을 취급하는 매장에 가서 그 제품을 사지 않는 사람이 어떤 제품을 사는지 직접 관찰하고 보고서를 작성하는 것이다. 이것만으로도 고객에게 감동을 주고 마음까지 사로잡을 수 있다.

정찰을 통해서 기업 고객이 현장에서 활용할 수 있는 정보를 얻는 것이다.

물론 B2C(Business to Consumer) 영업도 마찬가지다. 고객이 알고 싶은데 모르는 것을 생각해 보자. 그리고 고객을 대신해서 움직여 보자. 평판이 자자한 매장이나 병원, 학원 등을 직접 찾아가 보는 것이다.

이런 자그마한 노력이 쌓이고 쌓이면 고객을 당신의 팬으로 만들 수 있다.

일류는 '정찰'에 나선다.

 인터넷 조사로는 부족하다고 생각하자.

● 넥타이를 고를 때

삼류는 '가격'을 따지고
이류는 '브랜드'를 따진다.
일류는 무엇을 따질까?

법인 영업을 할 때는 넥타이 30개로도 부족한 경우가 있다.

멋을 부리려는 것도 아니요, 넥타이 마니아라서 그런 것도 아니다. 넥타이 색상을 방문하는 회사의 코퍼레이트 컬러(corporate color, 회사나 단체를 대표하는 색깔)와 맞추기 위해서다.

가령 코퍼레이트 컬러가 파란색인 경우 적어도 파란색 계열의 넥타이가 7~8개는 필요하다.

이렇게까지 코퍼레이트 컬러에 집착하는 이유는 무엇일까? 바로 영업 전략이기 때문이다.

어느 대기업의 접수처에서 일하는 사람에게 들은 이야기다.

그 회사의 코퍼레이트 컬러는 녹색이었다.

방문하는 영업맨의 10~20%가 반드시 녹색 계열의 넥타이를 매고 온다는 것이다. 즉 코퍼레이트 컬러를 신경 쓰는 사람은 넥타이 색상을 맞춘다는 의미다.

이제 알겠는가?

그렇다. 바로 넥타이 색상이 경쟁사의 영업맨과 격차를 벌리는 도구인 것이다. 이들은 고객에게 넌지시 이렇게 말한다.

"저도 ○○회사의 일원이라는 생각으로 열심히 하겠습니다. 무엇이든지 편하게 말씀해 주세요. 일단 넥타이 색상부터 ○○회사의 일원처럼 보이지 않습니까?"

고객은 '어머, 진짜 그러네요!'라며 웃으면서 내심 놀랄 것이다.

이 순간부터 고객은 당신에 대해서 '넥타이 색상까지 맞출 정도로 신경을 쓰는 사람'이라는 인상을 갖는다. 그리고 이 시점부터 다른 영업맨을 대할 때 '우리 회사를 진심으로 생각해 주는지 아닌지'를 넥타이 색상으로 판단하기 시작한다.

이로써 경쟁사의 영업맨은 자기도 모르는 사이에 덫에 걸리고 마는 것이다.

본론에서 살짝 벗어나지만 색상에 관련된 다른 이야기를 하나 들려주겠다.

J리그의 우라와 레드 다이아몬즈 경기를 보러 간 친구가 있었다.

우라와 레드 다이아몬즈의 심벌 컬러는 '빨강'이다. 관람석 전체가 빨간색 티셔츠로 물든 가운데, 그 친구 혼자 상대편 팀의 심벌 컬러인 파란색 티셔츠를 입고 있었다고 한다.

함께 시합을 보러 간 친구들에게 '둔한 놈', '제정신이야?'이라는 핀잔을 들었고 자신이 얼마나 센스 없는 사람인지 깨달았다고 한다. 이처럼 색상은 때때로 정체성(identity)을 나타내는 매우 중요한 요소다.

다시 본론으로 돌아오면 남성의 경우는 넥타이지만 여성의 경우는 스카프와 같은 작은 액세서리에 신경을 쓰면 좋다. 색상을 선택할 때 세심한 주의를 기울이고 고객의 코퍼레이트 컬러를 미리 조사해 두자.

이것 역시 스킬의 문제가 아니다. 알고 있느냐 아니냐의 문제일 뿐이다.

넥타이는 일차원적인 패션이 아니라 경쟁사와 격차를 벌리는 결정적인 무기가 된다. 사소한 것 같지만 그런 것에 당신의 생각과 영혼이 깃든다.

색상은 경쟁사와 격차를 벌릴 때 그야말로 '킬러 아이템'이 되는 것이다.

Road to Executive

일류는 '색상'을 보고
넥타이를 고른다.

 색상을 보고 고르면 넥타이는 '무기'가 된다.

● 펜을 고를 때

삼류는 '싼 것'을 고르고
이류는 '잘 써지는 것'을 고른다.
일류는 무엇을 보고 고를까?

당신이 양복 주머니에 꽂고 다니는 볼펜이나 펜, 당신은 그 펜에 당신만의 영업 전략을 담고 있는가?

사실 펜은 계약에 대한 영업맨의 마음가짐과 자세를 엿볼 수 있는 중요한 아이템이다.

예를 들어 고객에게 계약 사인을 받을 때 당신은 펜을 꺼내서 건넬 것이다.

이때 당신이 건넨 펜이 단돈 천 원짜리 플라스틱 볼펜이라면 어떻겠는가?

영업을 아는 고객은 '뭘 모르는군', '이 계약이 우스운가?'라고 생각할 것이다.

아는 사람은 다 아는 룰인데 '펜에서 느껴지는 무게감은 계약에 대한 영업맨의 마음가짐과 생각을 드러낸다'는 불문율이 있다.

　그렇다면 왜 '무게감'일까?

　계약서에 사인하는 입장이 되어 보면 알 수 있다. 펜에서 느껴지는 무게감은 현장 분위기를 바꾸는 힘이 있다. 예전에 계약서에 사인을 하는데 몽블랑 제품의 펜(수십만 원이나 하는 고급 브랜드)을 건네받았을 때 나눴던 대화가 생각난다.

　"어우, 꽤 좋은 펜이네요."

　"특별한 순간이지 않습니까?"

　나는 사인을 하면서 계약에 임하는 자세와 마음을 다잡았다. 이것이 바로 펜의 무게가 주는 힘이자 일류 영업맨이 저렴한 볼펜을 사용하지 않는 이유다.

　그렇다고 수십만 원을 호가하는 고급 펜일 필요는 없다.

　만 원 정도의 펜이면 충분하다.

　브랜드가 아니라 펜이 주는 '무게감'이 중요하니까. 중요한 행사에 화환을 보내는 것처럼 계약이라는 상황에 잘 어울리는 펜을 선택하면 된다.

　비슷한 예로 신발도 영업맨의 마음가짐과 자세를 드러내는 중요한 아이템이다. 청결에 항상 주의를 기울여야 한다.

신발 상태를 보면 프로로서 어떤 자세로 일에 임하고 있는지 알 수 있다. 이 역시 이제는 상식이다.

고객의 회사 사무실 또는 자택 현관에서 보이게 되는 신발이다. 이때 더럽거나 색이 바랜 신발이라면 고객에 대한 배려가 부족하다는 오해를 받아도 싸다.

신발을 항상 깨끗하게 닦는 습관을 기르도록 하자.

자. 정리하겠다.

고객은 의외로 영업맨의 소지품을 유심히 살펴본다. 영업에 임하는 자세와 마음가짐이 고스란히 드러난다고 생각하고 소지품 관리에 신경 쓰자.

일단 펜이다.

고객에게 건네는 유일한 문구(文具)가 바로 펜이다. 자신의 분신이라고도 할 수 있는데, 많은 사람들이 저렴한 것으로 대충 때우려고 한다.

비쌀 필요는 없지만 최소한 어딘가에서 받은 볼펜만은 피하도록 하자.

사소한 것이지만 고객은 당신의 소지품을 통해서 당신을 파악한다.

Road to Executive

일류는 펜의 '무게감'을 따져서 고른다.

 '무게감'이 느껴지는 펜을 구입하자.

삼류는 고객의 비위를 맞추려고 하고
이류는 고객을 배려한다.
일류는 어떻게 응대할까?

우선 질문을 하나 하겠다.

당신은 '마치 심부름꾼처럼 고객에게 굽실대는 사람'을 봤을 때 어떤 생각이 드는가?

'센스도 좋고 눈치도 빠르다. 대단하다!'

이런 생각이 드는가? 아마도 아닐 것이다. '신뢰할 만한 사람'이라는 생각도 들지 않을 것이다. 파트너로서 신뢰받고 싶다면 영업맨은 상대방, 즉 고객이 어떤 사람이든 '당당하고 차분하게' 행동해야 한다.

그런데 주변을 둘러보면 '고객의 심부름꾼이 되자'라는 마인드를 전면에 내세우는 영업맨이 적지 않다.

그리고 그들은 하나 같이 고객에게 '업자 취급'을 받는다.

일단 내가 하고 싶은 말은 이렇다.

'고객과의 관계는 고객이 정하는 것이 아니다. 영업맨인 자신이 어떻게 하느냐에 따라서 결정'된다.

고객의 '진정한 파트너'가 되고 싶다면 고객의 비위를 맞추거나 아첨을 떨 것이 아니라, 대등하게 행동해야 한다. 또한 고객을 배려한다면서 이리저리 끌려 다닐 것이 아니라 오히려 프로답게 당당하게 행동해야 한다.

그렇다면 업자 취급을 받는 '심부름꾼 같은 영업맨'은 어떤 특징을 보일까?

① 고객을 허둥지둥 찾아간다.
② '알겠습니다!', '물론입니다!'라고 큰 소리로 대답한다.
③ 비즈니스 상담을 할 때 아무 이유도 없이 고객보다 낮은 위치에 앉거나 등을 구부리며 굽실대는 탓에 엉덩이의 절반이 보인다.

어떤가? 당신 주변에도 이런 영업맨이 있지 않은가?

그들은 고객의 부름에 곧바로 응대하지 않으면 고객이 '화를 낸다', '관계를 끊을 수도 있다' 등의 걱정과 불안을 안고 산다.

만일 자신에게도 이와 비슷한 점이 있다면 한시라도 빨리 고치기 바란다.

그럼 어떻게 하면 고칠 수 있을까?

다음을 의식하면서 행동해 보자.

①자신이 이 분야의 프로임을 자각한다.

②'프로인 저에게 맡겨 주세요!'라고 말한다.

③고객에게 이렇게 말했다면 최선을 다해서 일한다.

일단 이것부터 시작해 보자. '할 수 있다', '할 수 없다'가 아니라 일단 해보는 것이다. 때로는 앞뒤 재지 않고 밀어붙이는 것도 중요하다.

자, 결론이다.

고객의 진정한 파트너가 되고 싶다면 당당하게 행동하자.

당신에 대한 신뢰는 점점 더 두터워질 것이고 고객과의 유대감은 굳건해질 것이다.

Road to Executive

일류는 '당당하게' '대등하게' 행동한다.

 고객과의 관계는 고객이 아니라
당신의 말과 행동이 정하는 것이다.

● 결과를 장담할 수 없을 때

삼류는 '어렵다'라고 말하고
이류는 '어려운 이유'를 설명한다.
일류는 무슨 말을 할까?

아무리 유능한 영업맨이라도 결과를 장담할 수 없는 경우가
종종 있다.

증권 회사의 영업맨은 '반드시 오른다'라고 장담할 수 없고 광
고 회사의 영업맨은 '반드시 팔린다'라고 장담할 수 없다.

은행의 영업맨도 제조업체의 영업맨도 마찬가지다.

어떤 업계의 영업맨이든 '반드시 괜찮다'라고 단언할 수 없는
상황을 맞닥뜨린다. 이때는 '어려운 일이니 맡겨 달라'는 각오를 보
여주는 것이 중요하다.

일화를 하나 소개하겠다. 얼마 전에 100kg 정도 나가는 냉장
고를 구입했을 때의 일이다. 당시 상황은 냉장고를 들고 1층 현
관에서 좁은 계단을 올라서 2층 부엌까지 운반해야 했다.

현장을 둘러본 가전제품 판매점의 운반 직원들은 좁은 계단을
보더니 이렇게 말했다.

044   Chapter 1 일류의 '각오'란?

"냉장고와 벽 사이에 3밀리 정도밖에 여유가 없어서 옮기기 힘들겠는데요."

달리 방법이 없어서 다른 운반업자에게도 상담을 요청했다.

"냉장고를 2층까지 올릴 수 있는 확률은 50%, 벽에 상처가 날 확률은 80%입니다. 판단은 고객님께 맡기겠습니다."

밑져야 본전이라는 생각으로 한 군데 더 의뢰를 해봤다.

"벽하고 여유가 3밀리밖에 없군요…. 흠…, 그래도 일단 한번 해보겠습니다!"

이렇게 말하고는 직원 네 명이서 냉장고를 들어 올렸다. 그리고 천천히 계단을 오르는 것이 아닌가? 그런데 운반하는 모습을 자세히 살펴보니 아래쪽에서 냉장고를 떠받치는 직원의 손이 부들부들 떨리고 손등에 상처가 나고 말았다.

나는 당장 "괜찮으니 그만 하세요! 위험해요!"라고 소리쳤다. 하지만 직원들은 듣지 않았다.

오히려 웃으면서 "이왕 시작했으니 일단 끝까지 해보겠습니다. 벽에 상처가 나지 않도록요!"라고 대답했다.

3밀리와의 격투 끝에 운반 직원들은 냉장고를 2층 부엌까지 무사히 옮겨주었다. 그들의 손은 새빨갛게 변해 있었다.

나는 깊은 감동에 박수를 치고 말았다. 그리고 견적 비용에 수

고비를 얹어서 대금을 지불했다. 비용을 깎은 적은 있어도 견적보다 더 많은 금액을 지불한 적은 이때가 처음이다.

여기서 짚어봤으면 하는 것이 하나 있다.

사실 나는 운반업체를 세 군데나 알아볼 정도로 어떻게서든 냉장고를 부엌에 옮기고 싶어 했다. 그런데 손을 다치면서까지 애쓰는 직원을 보고 '설령 옮기지 못한다고 해도 대만족이다. 괜찮다'라는 생각이 들었다. 도대체 이게 무슨 일인가?

고객에게 약속해야 할 것은 결과만이 아니라는 것이다. '무슨 일이 있어도 일단 해보겠다'라는 각오도 고객에게 만족을 줄 수 있다.

각오에는 두 가지가 있다.
- '무슨 일이 있어도 고객에게 도움이 되고 싶다'라는 각오
- '무슨 일이 있어도 결과를 위해서 행동한다'라는 각오

불가능한 일을 무리하게 할 필요는 없다. 가능한 범위 내에서 하면 된다고 생각한다.

일단 당신 나름대로 '무슨 일이 있어도 하겠다'라는 각오와 행동을 고객에게 보여주자.

당신의 정직하고 열정적인 자세에 고객은 반드시 만족할 것이다.

일류는 어려운 일이기에
'무슨 일이 있어도 하겠다'라는
각오를 전달한다.

 어려울 것 같을 때는 당신 나름의 '무슨 일이 있어도
하겠다'라는 각오를 행동으로 보여라.

삼류는 소개를 받지 않고
이류는 '소개해 달라'고 말한다.
일류는 뭐라고 말할까?

    자신의 담당 고객에게 다른 고객을 소개받기란 좀처럼 쉽지 않은 일이다.

    소개받는 것 자체를 주저하는 영업맨도 적지 않다.

    그래서 회사에서는 이렇게 지도한다.

    '계약을 따냈을 때', '결과(효과)에 만족했을 때', '계약을 끊을 때' 이렇게 세 가지 경우에는 다른 고객을 소개받을 수 있는 기회이므로 반드시 받으라고 말이다.

    나도 찬성하는 바이다.

    소개는 반드시 늘어날 것이다.

    그런데 실제로 생각만큼 그렇게 많이는 늘어나지 않는다.

왜냐하면 소개는 '리스크'가 따르기 때문이다.

혹시 소개한 상대방이 만족하지 못하면, 자신의 신용에 흠이 생기니까.

일류 영업맨은 이를 잘 알기에 소개를 확실하게 받기 위해서 한 단계 높은 접근 방식을 취한다.

바로 자신이 먼저 고객에게 '소개해 드릴까요?'라고 선수를 치는 방법이다.

가령 고객이 곤란할 때가 바로 기회다.

자신이 담당하고 있는 다른 고객, 즉 문제를 해결할 수 있는 '지인'을 소개하는 것이다. 그러면 쌍방에게 감사 인사를 받을 수 있다.

그리고 여기부터가 중요 포인트다.

신기하게도 일단 소개를 한번하면 서로 소개하는 관계가 성립된다.

즉 서로 소개를 주고받는 거래의 장이 열리는 것이다.

나도 실제로 경험한 적이 있다.

영업맨으로 일했을 때인데 고객은 판로를 개척해야 하는 애완 용품 판매 회사의 사장이었다.

판로 개척에 고심하고 있기에 내가 먼저 누군가를 '소개해 주겠다'고 제안했다.

내가 소개한 '지인'은 주택에 방문 판매를 하는 리폼 회사의 임원이었다.

내가 담당하고 있던 고객이다.

애완 관련 용품을 팔고 싶은 사장은 단숨에 판로를 획득할 수 있고 리폼 회사의 임원에게는 리폼 후에 주기적으로 필요한 상품 자재가 될 것이라는 계산 하에 소개한 것이다.

나는 쌍방에게 감사 인사를 받았고 서로 소개를 주고받는 특별한 관계로 발전했다.

자, 정리하겠다.

영업맨이라면 물론 '소개해 달라'고 부탁해야 한다. 그러나 이보다 한발 앞서 고객에게 먼저 '소개해 드릴까요?'라고 말해보자.

다른 고객을 소개받을 기회가 단숨에 늘어날 것이다.

Road to Executive

일류는 역으로 '소개해 드릴까요?'라고 말한다.

 일단 고객과 고객 사이에 다리를 놓아보자.

삼류는 '모른다'라고 대답하고
이류는 '아는 척'을 한다.
일류는 어떻게 할까?

영업을 하다 보면 업계 용어나 전문 용어 등 '모르는 용어'를 접하곤 한다.

사실 이 '모르는 용어'에 대해서 어떻게 대처하느냐에 따라서 영업의 질은 확연히 달라진다.

'아는 척'을 하는 영업맨도 적지 않은데 단언컨대 나중에 곤란한 일이 생기므로 조심해야 한다.

그렇다고 '죄송합니다. 잘 모르겠습니다'라고 당당하게 말하는 것도 적절한 처사는 아니다.

예를 들어 고객이 '저희 회사의 "3개년 비전"이 반영된 기획을 만들어 주세요'라고 말했다고 하자. 곧바로 '3개년 비전이 뭐죠?'라고 묻는다면 그 자리에서 신뢰를 잃고 말 것이다.

반드시 알아두어야 할 전제를 모르는 것은 매우 위험하다.

하지만 일류 영업맨은 '이런 때야말로 기회'라고 생각한다.

잘 모르는 전문 지식이나 업계 용어를 맞닥뜨렸을 때야말로 자신의 실력을 발휘할 수 있는 적기라고 받아들이는 것이다.

일류 영업맨은 다음과 같은 테크닉을 사용한다.

고객에게 당당하게 질문하고 그 용어의 의미가 무엇인지 요점을 파악한다.

바로 이런 미묘한 차이가 커뮤니케이션의 예술이다.

가령 앞에서 언급했던 '3개년 비전'의 예에서 일류 영업맨은 이렇게 대처한다.

"3개년 비전 말씀이십니까? 알겠습니다. 배경을 파악해야 해서 몇 가지 질문을 드리고 싶은데 괜찮으실까요? 구체적으로 3개년 비전의 어떤 부분을 말씀하시는 건지 궁금합니다."

이렇게 모르는 용어에 대해서 '전체적인 것은 알고 있지만 의문점이나 궁금한 점이 있다'는 식으로 질문을 던지는 것이다. 그러면 고객은 '그렇다면 더 자세하게 알려주겠다'라고 생각한다.

그런데 가끔 이런 상황이 발생할 수도 있다.

고객이 내놓은 답변이 무슨 뜻인지 모르는 상황이다.

이럴 때는 다음과 같이 의미를 물어본다.

고　객: "아시다시피 저희 회사의 3개년 비전은 이익률을 중시
　　　　하는 방향으로 전환하려는 것입니다."
영업맨: "(큰일이군. 도통 무슨 소리인지 모르겠어. 일단 들어보자) 왜 전환
　　　　하시려는 거죠? 그렇게 하시려는 배경에 뭔가가 있습
　　　　니까?"
고　객: "지금보다 더 많은 매출 향상은 어렵다고 판단한 것이
　　　　죠. 이 업계는 앞으로…."

이렇게 '부분'과 '배경'을 묻는 것만으로도 개요(outline)를 파악
할 수 있다.

자, 정리하겠다.
영업맨은 전문 용어나 업계 용어, 사내 용어 등 모르는 용어를
접했을 때 섣불리 아는 척을 해도 안 되고 모른다고 답해서도 안
된다.
고객에게 당당하게 질문하고 대략적인 내용을 파악해야 한다.
그래야 고객의 입장에서 봤을 때 믿음직스러워 보인다.
반드시 실전에 적용해 보길 바란다.

Road to Executive

일류는 '모르는 것'을
당당하게 질문한다.

 잘 모르는 전문 용어에 대해서는
고객의 가르침을 받자.

● 똑같은 일의 반복

삼류는 '바보 같다'라고 느끼고
　　이류는 '쓸데없다'라고 느낀다.
　　　일류는 어떻게 느끼고 어떻게 할까?

　영업을 하다 보면 어쩔 수 없이 단순한 작업을 반복하게 되는데 이는 피할 수 없다.

　같은 일의 무한 반복이다. '바보 같다', '우습다', '쓸데없다'라고 생각하는 사람도 있을 것이다.

　당연한 일이다.

　고민하고 연구해서 개선해 나가야 한다.

　다만 내가 하고 싶은 말은 이렇다.

　단순한 일을 당연하게 반복하는 것이야말로 신용을 높이는 지름길이라는 것이다.

　영업맨이라면 반드시 기억해야 한다. 대부분의 사람들이 지속하지 못하니까.

과거에 있었던 실화를 하나 소개하겠다. TV에도 보도됐던 이야기다.

오사카의 성인 영화관에 A씨라는 지배인이 있었다. 이 지배인은 1km나 떨어진 미쓰와은행(지금의 도쿄미쓰비시UFJ은행)에 비가 오나 눈이 오나 매일 100엔을 저금하러 다녔다는 이야기다. 20년 가까이나 말이다.

나는 당시 은행 지점장이 인터뷰에서 했던 말을 잊을 수가 없다.

"A씨는 날씨가 궂은 날에도 반드시 오셨어요. 저는 A씨가 필요하다고 하시면 금액에 상관없이 얼마라도 빌려드릴 겁니다."

이처럼 단순한 일의 반복이 일정한 기준을 뛰어넘으면 큰 신용으로 바뀐다.

영업도 마찬가지다.

'포기하는 법이 없군. 역시 대단한 사람이야'라는 말, 이 말을 듣는 사람이 바로 일류다.

대다수가 포기할 일을 포기하지 않는 자세는 큰 신용을 낳는다.

- 정기적으로 전화를 건다.
- 정기적으로 방문한다.
- 정기적으로 정보를 제공한다.
- 정기적으로 스터디 모임을 갖는다.

한 번, 한 번의 행동은 단순하고 간단하지만 이를 지속하면 큰 신용으로 이어진다.

　나도 여러 번 경험했다.
　예를 들어 신규 고객을 개척할 때 그랬다.
　처음에는 만나주지 않던 담당자가 무슨 연유에서인지 갑자기 만나주는 때가 찾아온다.
　나중에 물어보면 대부분 이렇게 말했다.
　"이렇게까지 끈질기게 영업하는 사람은 드물어요. 그래서 말이라도 들어보자는 심산으로 만나기로 한 거예요."

　지속은 신용으로 이어진다.
　지속도 영업 예술의 하나다. 그야말로 단조롭기 짝이 없기에 하루도 거르지 않고 반복하고 지속하는 사람은 그리 많지 않다.
　얼핏 보면 단순하고 쓸데없는 것처럼 보이는 일을 누구보다도 철저하게 지키고 지속하는 것, 이런 자세를 고객과 주변 사람은 높이 평가하고 당신을 누구보다도 신뢰할 것이다.
　단순한 작업이니 어렵지 않다. 간단하다. 하지만 지속하기란 쉽지 않다. 그래도 지속하는 것이 바로 일류로 거듭나는 길임을 명심하자.

Road to Executive

일류는 반복과 지속을
'신용'으로 이어나간다.

 단순하고 우스워 보이는 일일수록
누구보다도 성실하게 임하자.

● 고객에게 답장을 보낼 때

삼류는 내일까지 보내고
이류는 오늘 중으로 보낸다.
일류는 언제까지 보낼까?

당신은 고객에게 받은 메일이나 문자 메시지에 언제까지 답을 보내는가?

만일 내일까지 또는 오늘 중으로 답장을 보내겠다고 말한다면 반드시 개선해야 한다.

메일이나 문자 메시지를 받고, 고객에게 '지금 당장 답장을 보내겠다'가 일류의 마음가짐이다.

하지만 실제로 고객 상담, 이동, 문서 작성 등 처리해야 할 업무가 산더미라서 쉽지는 않다.

그러니 일단 90분을 목표로 답장을 작성해 보자.

신기하게도 눈코 뜰 새 없이 바쁜 일류 영업맨일수록 답장이 빠르다. '도대체 어디서 보내는 거야?'하는 의문이 들 정도로 매우 놀라운 속도다(감동스러울 정도다).

이렇게 고객에게 답장을 빨리 보내라고 강조하는 이유는 무엇일까?

답장을 빨리 보내는 사람은 반드시 다른 일에도 대처가 빠르고 이로 인해서 고객의 신용을 얻을 수 있기 때문이다.

즉 답장의 속도가 일을 처리하는 속도의 기준이 되는 것이다.

그렇다면 일류 영업맨은 어디에서 어떻게 답장을 보낼까?

사실 그들에게는 요령이 있다. 어떤 요령인지 살펴보자.

일류 영업맨은 스마트폰을 한 손에 들고 '승강기를 기다리는 동안'에 혹은 '에스컬레이터를 타고 있는 동안'에 '신호등의 신호를 기다리는 동안'에 답장을 보낸다. 틈새 시간을 활용하는 것이다.

또한 최근에는 스마트폰의 음성 입력(iPhone이면 Siri) 기능을 이용하는 사람이 늘고 있다. 나도 그중 한 명인데 이 기능을 사용하면 걸으면서도 글자를 입력할 수 있다. 즉 '답장을 쓸 시간이 없다'라는 상황이 사라지는 것이다.

자, 이제는 응용편이다.

고객에게 곧바로 답장을 보내지 못하는 상황도 발생할 것이다.

이때도 '다시 답장을 보내겠습니다'라고 곧바로 답장을 보낸다.

길게 쓰지 않아도 괜찮다. 간략한 내용이라도 답장을 받는 편이 고객은 기쁘다.

음성 입력이라면 단 10초면 끝이다. 이것만으로 '성실한 사람'이라는 인상을 줄 수 있다.

다만 한 가지 주의해야 할 점이 있다.

의외로 '곧바로'라는 말을 오해하는 경우가 많이 발생한다.

'곧바로 답장을 드리겠습니다', '곧바로 메일을 보내겠습니다'의 '곧바로'에 주의해야 한다.

사람에 따라서는 '곧바로'가 3분 이내인 경우도 있다.

그러니 '1시간 이내에 보내겠습니다'라고 명확하고 구체적으로 시간을 언급하는 것이 좋다.

이런 명확한 행동도 신용으로 이어진다.

자, 정리하겠다.

답장이 빠른 사람은 다른 일도 빠르게 처리하고 이는 신용으로 이어진다.

따라서 스마트폰이나 휴대전화로 언제 어디서든 대처할 수 있도록 준비하자.

Road to Executive

일류는 90분 이내에
답장을 보낸다.

 승강기를 기다리는 시간도 답장을
보내는 기회로 활용하자.

일류의
'신뢰 관계 형성'이란?

● 신뢰 관계 형성의 철학

'사이가 좋다'와
'신뢰를 받는다'의 차이를 알자

'고객과 사이가 좋다'라며 의기양양하게 말하는 영업맨이 많다.

그러나 일류 영업맨 중에 '사이가 좋다'라고 의기양양하게 말하는 사람은 없다.

왜냐하면 '사이가 좋다'와 '신뢰를 받는다'는 전혀 다르다는 것을 잘 알고 있기 때문이다.

다음 페이지의 그림을 보면 관계성의 레벨이 전혀 다르다.

'사이가 좋다'라는 것은 '뜻이 잘 통한다', '대화하기 편하다' 등의 낮은 레벨이다.

'신뢰를 받는다'라는 것은 '곤란할 때 이 사람은 내 편이 되어준다'라고 믿는 높은 레벨이다.

즉 신뢰를 받는다는 것은 같은 울타리 안에 속한 가족과도 같은 관계로 일류 영업맨은 고객과 그런 레벨의 신뢰를 만드는 것을 목표로

삼는다. 그렇다면 어떻게 해야 그런 레벨의 신뢰 관계를 형성할
수 있을까?

  이번 장에서는 같은 울타리 안에 속하는 돈독한 신뢰 관계를
만들기 위한 방법을 소개하겠다.

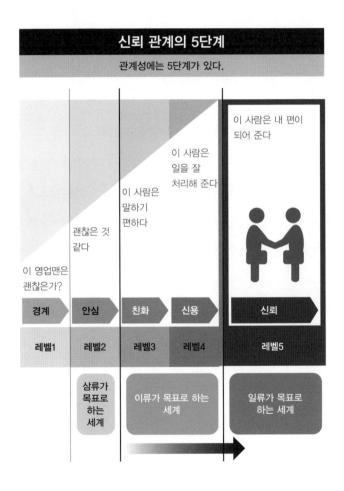

● 고객 요청에 응할 수 없을 때

삼류는 '무리입니다'라고 거절하고
　　이류는 '회사 방침입니다'라고 거절한다.
　　　　일류는 뭐라고 말할까?

업무 상 지켜야 하는 규칙은 철저하게 지켜야 한다.

그런데 '회사 방침이라서 어쩔 수 없습니다'라며 딱 잘라 거절한다면 고객에게 신뢰를 얻기 어렵다. 또한 직설적으로 '무리입니다'라고 말하면 당장 윗사람을 데려오라며 고객은 노발대발 큰소리를 칠 것이 뻔하다. 그렇다면 어떻게 해야 할까?

일단 고객의 요청이 억지가 아니라면 고객의 입장에서 윗선과 부딪혀 본다.

고객의 앞에서는 회사 입장이 아니라 고객의 입장에 서는 것이다.

이것이 철칙이다.

내 경험을 소개하겠다.

꽤 오래전에 있었던 일인데, 처음에 나는 개인 사업을 했다.

개인 사업의 경우 계좌명에 '상호'가 아니라 '인명'을 적는다.

그런데 어떤 사정으로 계좌명에 '상호'를 넣어야만 하는 상황이 생겼다.

은행을 몇 군데나 돌아다녔지만 하나같이 '회사 방침이라서 곤란합니다. 안 될 것 같습니다'라고 거절했다.

'그만 포기해야겠다'라고 생각하던 마지막 순간 기적이 일어났다.

내 사정을 차근차근 듣던 여자 행원이 이렇게 말하는 것이 아닌가?

"고객님의 사정을 잘 알았습니다. 잠시만 기다려 주세요. 제가 한번 알아보고 오겠습니다."

잠시 후에 높은 직급의 행원이 나와서 내 사정을 다시 들어주었다.

"은행은 지켜야 할 규칙이 참 많습니다. 죄송합니다. 하지만 거절할 이유가 없군요. 만들어드리도록 하겠습니다."

이런 일이 있은 후에 비록 짝사랑이지만 나는 지금도 그 은행을 제일 좋아한다.

여러 은행의 계좌를 보유하고 있지만 유독 그 은행의 계좌에는 특별한 애틋함을 느낀다.

당시 내 편이 되어서 윗선과 싸워주고 요청을 들어준 행원은 은인이기에 설령 결과가 좋지 않았어도 기뻤을 것이다.

물론 열심히 싸웠지만 '역시 안 됐다'라고 보고해야 하는 상황도 발생한다.

그때는 '제 능력이 부족해서 잘되지 않았습니다. 대단히 죄송합니다. 담당 부서도 도움을 드리고 싶어 했는데, 이 부분만큼은 어렵다며 양해 부탁드린다고 하더군요'라고 전달한다.

다만 한 가지 주의해야 할 점이 있다. 이때 '회사를 나쁜 쪽'으로 돌려서는 안 된다.

그렇게 하면 오해를 불러올 수 있고 오히려 고객과의 관계가 악화되고 만다.

자, 정리하겠다.

고객은 당신을 자세하게 살펴본다. '아군'인지 '적군'인지를 말이다. 당신은 정말로 고객의 편이 되어 줄 수 있는가?

영업맨은 회사를 대표하면서도 한편으로 고객의 대변인이 되어야 한다.

물론 불가능한 일도 많을 것이다.

'불가능', '어렵다'라는 생각이 들어도 일단 싸울 수 있다면 싸워보고 안 되면 어쩔 수 없다고 생각하자. 그것이면 충분하다.

그런 당신의 마음과 배려는 고스란히 고객에게 전해질 것이다.

일류는 '한번 해보겠습니다', '싸워보겠습니다'라고 말한다.

 무리일 것 같은 일이라도 일단은
고객의 '대변인'으로서 싸워보자.

● 상담할 때의 주어(主語)

삼류는 주어로 '우리 회사'라 말하고
이류는 '귀사'라고 말한다.
일류는 뭐라고 바꾸어 말할까?

갑작스럽지만 당신은 고객과 비즈니스 상담을 할 때 '어떤 주어'를 사용하는가?

어떤 주어를 선택하느냐에 따라서 고객과의 심리적 거리를 멀게 할 수도 있고 가깝게 할 수도 있다.

사실 주어는 영업에서 매우 전략적인 부분이다.

대개 영업맨은 본인의 회사를 '폐사'라고 말한다.

그리고 상대방의 회사를 '귀사'라고 말한다.

개중에는 '우리 회사'라고 말하는 영업맨도 있는데, '우리'라는 말에 고객은 포함되지 않으므로 제일 먼저 삼가야 하는 단어다.

그렇다면 일류 영업맨은 어떤 주어를 사용할까?

그들은 의도적으로 '저희들'이라는 주어를 사용한다.

물론 만나자마자 곧바로 사용하는 것은 아니다. 고객이 경계할 테니까. 타이밍을 엿보다가 '바로 이때다' 싶은 순간에 자연스럽게 언급한다.

가령 사업상 프레젠테이션을 진행할 때 도중에

'저희들이 목표로 삼아야 할 것은…'

'저희들이 직면한 과제는…'

등 서서히 주어 자리에 '저희들'을 집어넣는다.

또한 대화를 나누다가 중요하지 않은 부분에서 사용한다.

'저희들이 항상 언급하는 것인데…'

'저희들의 공통 인식으로는…'

등 마치 서브미리널 효과(subliminal effect, 음성이나 영상을 통해서 잠재의식에 영향을 미치는 심리 효과)처럼 대화 곳곳에 슬쩍슬쩍 끼워 넣는다.

또한 일류 영업맨은 결코 말만 앞세우지 않는다.

고객의 편에 서서 동지애를 느낄 수 있는 입장에서 대화를 나눈다. 그래서 대담한 제안도 고객이 선뜻 받아주는 것이다.

물론 처음에는 용기가 필요하다.

하지만 괜찮다.

대화를 여러 차례 나누다 보면 고객이 긴장을 풀고 서로 대화하기 편안한 분위기가 찾아오는 때가 있다.

고객이 당신에게 평소보다 더 많은 질문을 던지는 때가 바로 그런 때다.

때를 놓치지 않고 그 순간을 적절히 활용할 수 있는 준비를 해두자.

과감하게 '저희들이 목표로 하는 것은…', '저희들의 문제는…'이라고 말해보자.

생각보다 고객과의 대화는 자연스러운 흐름을 타고 무난하게 진행될 것이다.

나는 이 방법을 기업 연수에서 '주어를 We로 바꾼다'라는 주제로 소개하고 있다. 누구라도 주어 자리에 '저희들'이라는 단어를 자연스럽게 사용할 수 있으면 비즈니스 상담에서 반드시 긍정적인 효과가 나타날 것이다.

꼭 한번 시도해 보길 바란다. 고객과의 관계가 훨씬 더 가까워질 것이다.

일류는
'저희들'이라고 말한다.

 상담할 때 주어를
'저희들'이라고 바꾸어 말해보자.

삼류는 '회사명'을 외우고
이류는 '고객의 이름'을 기억한다.
일류는 무엇을 기억할까?

당신은 고객의 이름이 외워지지 않았던 적은 없는가?

부끄러운 이야기지만 나는 암기력이 좋지 않다.

그래서 이름은 예외 사항으로 두 번, 세 번 머릿속으로 반복해서 기억하려고 노력한다.

간혹 '○○상사', '○ 기업' 등 회사명만 외우는 사람이 있는데, 그래서는 안 된다.

또한 많은 영업맨이 고객의 이름을 외우는데, 이것만으로는 부족하다.

일류 영업맨은 '어떤 사람'의 이름을 외우려고 노력한다.

바로 '고객이 소중하게 생각하는 사람'의 이름이다.

이유는 간단하다. 고객이 소중하게 여기는 것을 존중하는 자세가 신뢰로 이어진다는 것을 잘 알고 있기 때문이다.

예를 들어 이런 식이다.

"(아들인)다쿠미는 잘 지내나요?"

"시부야영업소의 야마다 타카유키 씨는 요즘도 왕성하게 활동 중이신가요?"

어떤가? 주변에 종종 있지 않은가? 이렇게 세심하게 이름을 외워주는 사람 말이다.

그리고 '그런 걸 다 기억해 주다니!'라며 감동을 받지 않는가?

사실 이는 자연스럽게 기억하는 것이 아니라 의식해서 외우는 것이다.

그렇다면 어떻게 '그 사람'의 이름을 알 수 있을까? 고객과 대화를 나누는 도중에 소중한 누군가의 이야기가 화제로 떠오른다면 그 순간을 놓치지 말고 '그분의 이름은요?'라고 슬쩍 물어보자. 어렵지 않게 가르쳐 줄 것이다.

자, 이제 여기서부터가 중요하다. 수첩도 좋고 메모지도 좋으니 이름을 기록해 두고 나중에 고객 파일(대장)에 반드시 옮겨 적는다. 이렇게 하면 몇 년이 지나도 기록으로 남고 언제든지 찾아볼 수 있다.

이처럼 고객에게 '소중한 사람'을 기억해 두는 것은 신뢰를 얻는 첫걸음이다. 반드시 시도해 보길 바란다.

이외에 만일 법인 영업을 한다면 '회사의 유능한 직원', '실적이 좋은 신입', '소문이 자자한 상사'를 말이다. 또 개인영업을 한다면 '가족', '친척', '이웃', '친구', '애완동물의 이름'을 알아두면 좋다. 기억해 두면 영업에 큰 도움이 되는 이름이다.

그런데 이렇게 하려면 고객과 업무 외에 잡담을 나누고 정보를 수집해야 한다.

"그러시면 이번 주말은 어떻게 보내셨어요?"

이처럼 '그러시면', '그런데', '참고로', '실례가 안 된다면' 등 잡담의 물꼬를 트는 시작 문구를 기억해 두면 편리하다.

일류 영업맨은 업무도 업무지만 적극적으로 고객과 잡담을 나눈다. 그렇게 하는 목적 중 하나는 정보를 수집하기 위해서다.

당신도 고객이 소중히 여기는 사람의 이름을 알아내 보자. 고객과의 관계가 달라질 것이다.

일류는 고객에게 '소중한 사람의 이름'을 기억한다.

 잡담을 통해 고객이
'소중히 여기는 사람의 이름'을 알아내자.

삼류는 '들러리'로 부르고
　이류는 '대항마'로 부른다.
　　일류는 무슨 역할로 부를까?

만일 갑작스럽게 고객이 업자를 선정하는 경쟁 프레젠테이션에 당신을 불렀다면 이미 때는 늦으리다.

이미 답이 정해진, 이른바 '각본이 있는 경쟁'일지도 모르기 때문이다.

지금은 법령 준수(compliance)의 관점에서 업자를 선정할 때 회사 한 곳을 두고 결정하지 않는다. 사내 규정으로 여러 업자에게 경쟁을 붙여서 선정하는 곳이 많다. 그래서 때로는 업자 선정 경쟁을 형식적으로 진행하는 경우도 있다.

따라서 당신을 갑작스럽게 불렀다면 섣부른 짓을 하면 떨어뜨리기 위한 '들러리'로 부른 것일 수도 있고, 이미 유력한 후보가 있는 상태에서 '대항마' 역할을 시키려고 부른 것일 수도 있다.

하지만 일류 영업맨은 다르다.

고객은 일류 영업맨을 경쟁을 준비하고 기획하는 단계에서 부른다.

경쟁을 준비하는 구성원 중 한 명으로 부르는 것이다.

나도 예전에 '각본이 있는 경쟁'을 도운 적이 있다.

업자 선정 경쟁에서 A사가 프레젠테이션을 할 때였는데, 나를 포함한 우리 팀원은 고객인 척하고 현장에서 프레젠테이션을 들었다.

사실 A사를 부르자고 제안한 사람은 나였다. A사는 어떤 영역의 서비스를 갖추고 있지 못해서 '들러리'로 선정한 것이다. 고객도 미리 알고 있었다.

생각해 보면 무서운 일이 아닐 수 없다. 만일 입장이 바뀌어서 A사가 우리 팀이었다면 얼마나 끔찍한 일인가? 하지만 이것이 현실이다.

그렇다면 어떻게 해야 경쟁을 기획하고 준비하는 편에 설 수 있을까?

물론 무리하게 '업자 선정 경쟁을 열자'고 제안할 필요는 없다.

고객의 사내 규정에 업자 선정 경쟁의 의무가 정해져 있는지 알아본다.

이때 다음의 두 가지를 확인한다.

① 이번에 업자 선정 경쟁을 할 것인가? 하지 않을 것인가?
② 이미 유력한 후보가 정해져 있는가?

이때 업자 선정 경쟁을 열 의지가 있고 또한 유력한 후보가 당신이라면 업자 선정 경쟁을 함께 고민해 보자고 제안한다. 그리고 경쟁을 진행하는 방법과 다른 후보 업자(당신이 이길 상대방)를 제시한다.

구체적으로 설명하면 이런 식이다. 제일 먼저 '이번에는 다른 회사에도 경쟁을 제안할까요?'라고 묻는다. 그런 후에 고객이 '제안할 마땅한 업자'를 몰라서 곤란해 한다면 '실례가 안 된다면 함께 찾아보겠습니다'라고 말하는 것이다.

자, 결론이다.
처음부터 이런 레벨까지는 어렵겠지만 일단 업자 선정 경쟁이란 고객의 부름을 받는 것이 아니라 '준비하고 기획하는 것'이라고 생각하자.
처음에는 당연히 힘들 것이다. 하지만 고객과 가족과 같은 관계를 만들 수 있는 계기가 되므로 반드시 시도해 보길 바란다.

일류는 고객이
‘기획하고 준비하는 사람’으로
부른다.

 업자 선정 경쟁이란 고객과
함께 준비하는 것이라고 생각하자.

삼류는 '아래'를 보고 걷고
이류는 '앞'을 보고 걷는다.
일류는 무엇을 보면서 걸을까?

"뭐 재미있는 일 없어요?"
고객이 영업맨에게 묻는 전형적인 질문이다.
영업맨은 항상 재미있는 것, 흥미로운 것을 준비해 두어야 한다.

"실은 어제 스카이트리라는 곳을 다녀왔습니다. 꽤 재미있더
군요."

고객은 당신의 그림일기를 듣고 싶은 것이 아니다.
이래서는 '센스 없는 녀석'이라는 소리를 들을 수밖에 없다.

영업에서 가장 재미있는 일이란 다음의 세 가지 요건을 충족해
야 한다.

【영업맨이 말해야 하는 재미있는 일이란?】

① 고객에게 도움(메리트)이 되는 것

② 고객이 제3자에게 말하고 싶은 내용

③ 가능하면 자신의 영업 업무로 이어나갈 수 있는 행운

예를 들어서 종업원들 교육에 관심이 있는 경영자가 고객이라면….

"저기 지하철역 앞에 큰 거리가 있지 않습니까? 글쎄, 그 큰 거리 바닥에 붙어 있던 그 많던 껌이 싹 사라졌더라고요. 길거리가 아주 깨끗해졌어요. 근데 제가 너무 궁금해서 알아봤더니 지하철역 앞에 편의점이 하나 있잖아요. 그곳 지점장이랑 직원들이 하나씩 일일이 벗겨내고 청소했다고 하네요. 지점장이 같이 해보자고 했다나 뭐래나. 역시 무슨 일이든 리더십이 참 중요한 것 같습니다(리더 연수 회사에 영업을 나갔을 때)."

이렇게 고객의 관심사와 관련된 이야기를 하는 것이다.

만일 고객이 미식가라면….

"지하철역 앞에 파스타집이 새로 생겼는데, 줄이 길게 늘어서 있더군요. 혹시 보셨어요? 제가 그 집 할인 쿠폰을 받아왔는데 같이 가보시겠어요?"

이처럼 우리들 주변에 일어난 일이나 새로 생긴 매장 등 흥미로운 것에 대해서 이야기하는 것이다. 이것이 바로 고객이 영업

맨에게 기대하는 '재미있는 일'이다. 어렵지 않다. 이 역시 고객과 잡담을 나누다가 고객의 말에서 '흥미'와 '관심'을 확인하기만 하면 된다.

아래를 보고 걸으면 놓치고 만다.
앞을 보고 걷는 것만으로는 알아차리기 어렵다.
하지만 '단서, 이야깃거리를 찾으면서 걸으면' 금방 찾을 수 있다. 예를 들어 지하철에서 화장을 고치는 여성도 재미있는 이야깃거리가 될 수 있다.
이를 계기로 여성 고객을 공략하는 영업 대책을 세울 수 있을지도 모른다.

유명한 방송인이자 개그맨인 아카시야 산마조차도 이렇게 말했다.
'재미있는 단어가 몇 개 나오면 곡 노트에 적어둔다'라고.
일단 우리들 영업맨은 '고객에게 선물할 재미있는 이야깃거리'를 찾으려고 의식하면서 걸어야 한다.
분명 이야깃거리가 될 만한 많은 것을 발견하고 깜짝 놀랄 것이다.

일류는 '이야깃거리'를
찾으면서 걷는다.

 평소에도 '고객의 눈'이 되어 걸어보자.

● 사내에서 표창을 받았을 때

삼류는 '그 이후'를 걱정하고
이류는 상사와 함께 기뻐한다.
일류는 누구와 기뻐할까?

당신의 회사에 사내 표창 제도가 있는가?

만일 있다면 기회다.

표창을 받았을 때 고객에게 보고하고 감사 인사를 전하면 단숨에 고객과의 거리를 좁힐 수 있다.

그렇지 않은가? 영업맨이 이런 마음가짐과 자세로 일한다는 것을 아는 것만으로도 고객은 기쁘지 않겠는가?

그러므로 만일 사내 표창을 받는다면 고객에게 감사 인사를 전해보길 바란다.

그런데 정작 나는 신입 시절에 고객에게 감사 인사를 전한 적이 없다. 부끄럽지만 당시에 나는 그럴 만한 여유도 없었고 그렇게까지 세심하지도 못했다. '다음에 또 받을 수 있을까…', '또 받고 싶은데…'라며 늘 '그 이후'를 걱정하느라 바빴다.

그렇게 지내던 어느 날, 1등 영업맨인 선배에게 이런 말을 듣고서 깜짝 놀랐다.

"뭐라고? 고객에게 감사 인사를 한 적이 한 번도 없다고?"

선배의 말 한마디에 처음으로 나는 표창을 받는 것은 나 혼자 잘해서 받는 것이 아니라 고객 덕분이라는 사실을 깨달았다. 상사에게는 감사 인사를 전했지만 고객까지는 미처 생각하지 못했던 것이다.

이런 일이 있은 후 나는 이전보다 더 표창장에 집착하기 시작했다.

왜냐하면 고객에게 감사 인사를 전하고 싶었기 때문이다.

감사 인사를 전하면 반드시 고객에게 이런 대답이 돌아온다.

"아닙니다. 저는 아무것도 한 게 없는데요. 일부러 연락까지 주시다니 제가 더 감사하고 앞으로도 열심히 해주세요."

영업맨이 '앞으로도 열심히 해달라'는 말을 듣는 것은 드문 일이다.

이렇게 나는 표창을 받을 때마다 고객에게 감사 인사를 전했고 어느 순간 고객이 먼저 '이번에도 사내 표창 받으셨어요?', '다음에도 파이팅입니다!'라는 말을 해주기도 했다.

인사이동으로 담당이 바뀌었을 때는 '다른 부서에서도 파이팅입니다!'라며 멋진 송별회를 열어주기도 했다.

표창장에 집착해서일까? 나는 일하면서 40회 이상의 사내 표창을 받았다. 연간 일본 1위도 여러 번 수상했다.
물론 표창을 받는 일이 쉽지 않다. 힘든 일도 많다. '이쯤에서 그만하자'라며 포기하고 싶을 때도 있다.
하지만 '고객에게 감사 인사를 건네는 계기가 된다'라고 생각하면 힘이 불끈 솟는다.

만일 사내 표창을 받을 일이 있다면 고객에게 감사 인사를 전하는 계기로 삼길 바란다.
상사나 동료에게 감사 인사를 전하고 그다음에는 고객에게 감사 인사를 하는 것이다. 굳이 직접 찾아가지 않아도 괜찮다. 전화 한 통이면 된다.
'그때 제 제안을 받아주셔서 회사에서 MVP상을 받았습니다.'
'그때 계약을 해주신 덕분에 사장상을 받았습니다.'
이렇게 감사의 말 한마디 건네는 것만으로도 고객은 기뻐한다.
분명히 '다음에도 열심히 해주세요!'라는 말을 해줄 것이고 당신도 그런 기대에 부응하고자 또다시 열심히 뛰어야겠다는 다짐을 할 수 있다.

Road to Executive

일류는 표창을 받은 기쁨을
고객과 함께 나눈다.

 따라서 표창을 받았다면
고객에게 감사 인사를 전하자.

● 고객 불만이 접수되었을 때

삼류는 역으로 화를 내고
이류는 어떻게 처리할지 고민한다.
일류는 무슨 생각을 할까?

'채식 메뉴에 스테이크가 없다.'

실제로 접수되었던 불만 사례(claim)다. 세상에는 이치에 맞지 않는 '생트집'을 잡는 고객이 있다.

'바보 아니야?', '무슨 헛소리야?'라며 화를 낸다면 삼류다. '어떻게 처리하지?'라며 고민하는 처사도 어떤 면에서는 좀 그렇다.

일류 영업맨은 이렇게 생각한다.
'고객 불만을 제대로 응대하면 팬이 되어 줄 것이다'라고.
그래서 일류 영업맨은 이렇게 대답한다.
'소중한 의견 주셔서 감사드립니다. 조속히 사내에 공유하도록 하겠습니다.'

일류는 고객의 불만이 무엇이든 담담하게 받아들이고 이렇게 생각한다.

'채식주의자도 사람에 따라서 강도가 달라서 때로는 고기를 먹는 사람도 있구나….'

'채식주의자에게 추천할 수 있는 고기류에는 뭐가 있지?'

'채식주의자의 식생활을 다시 조사해 봐야겠어.'

'오늘만 OK! 채식주의자를 위한 스테이크 런치'와 같은 아이디어를 떠올리기도 한다.

이렇게 대처하면 고객은 분명히 당신의 팬이 되어 줄 것이다.

미국의 소비자 행동 분석가인 존 굿맨(John Goodman)은 이를 '존 굿맨의 법칙'이라는 이론으로 증명했다.

【존 굿맨의 법칙】
• 고객이 불만을 토로했을 때 직원의 대처가 만족스럽고 신속하게 해결하면 재구매율은 82%까지 올라간다.

즉 고객 불만에 신속하게 대응하고 고객의 만족을 얻을 수 있다면 팬이 될 확률은 단숨에 높아지고, 더 나아가 단골이 된다는 것을 이론으로 증명한 것이다.

예전에 유니클로가 대대적으로 '유니클로의 단점을 말하고

100만 엔을 받자'라는 콘테스트를 열었던 것을 기억하는가? 약 1만 건의 고객 불만 사항을 수집해서 상품 개발에 활용한 이야기는 너무나도 유명하다.

자, 당신의 단골 고객을 한번 살펴보자. 대부분 불만을 토로했던 적이 있는 사람이 아닌가?

영업맨은 고객의 자그마한 불만을 가까운 곳에서 그 누구보다도 빨리 알아차릴 수 있는 유일한 존재다.

따라서 최전선에서 회사를 대표해서 일하는 영업맨이 고객 불만에 신속하게 대응할 수 있다면 고객이 팬이 되어 줄 확률은 확연히 높아진다.

일류는 고객 불만이 접수되면
신뢰를 얻을 기회라고 생각한다.

 고객 불만은 고객이 주는
'선물'이라고 생각하자.

일류의 '상담(商談)'이란?

프로가 실천하는
상담의 '구조'를 알아야 한다

거래를 위한 대화, 즉 비즈니스 상담(商談)의 '구조'를 모르는 상태로 일하는 것은 경기 흐름도 모르고 오로지 공만 쫓는 미숙한 축구 선수와 같다.

일류를 꿈꾼다면 일류 영업맨이 어떤 흐름으로 비즈니스 상담에 임하는지 알아야 한다.

안타깝게도 나는 신입 시절에 그런 것이 있는지도 몰랐다. 매일 억척스럽게 '움직'이기는 했지만 쓸데없는 일이 많았다.

그런데 상담에도 '구조'가 있다는 것을 알고 나서부터 성과가 확연히 바뀌었다.

실적이 서서히 안정세를 보였고 야근도 사라졌다. 나 자신조차도 깜짝 놀랄만한 큰 변화였다.

특별한 재능이 있어서 그렇게 된 것이 아니다. 상담의 '구조'를 알고 실천했던 것이 계기가 되어 좋은 결과를 낳은 것이다.

　이번 장에서는 일류 영업맨이 실천하고 있는 상담의 '구조'에 대해서 자세하게 소개하고자 한다.

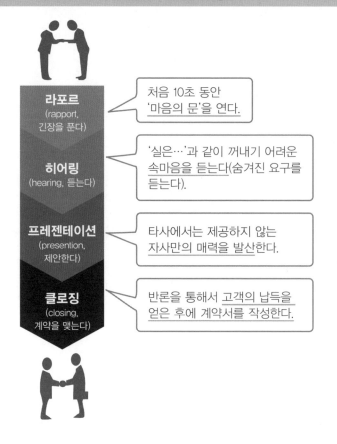

비즈니스 상담의 기본 구조

고객이 '납득'한 후에 구매하는 상담

라포르
(rapport,
긴장을 푼다)

처음 10초 동안
'마음의 문'을 연다.

히어링
(hearing, 듣는다)

'실은…'과 같이 꺼내기 어려운
속마음을 듣는다(숨겨진 요구를
듣는다).

프레젠테이션
(presention,
제안한다)

타사에서는 제공하지 않는
자사만의 매력을 발산한다.

클로징
(closing,
계약을 맺는다)

반론을 통해서 고객의 납득을
얻은 후에 계약서를 작성한다.

● 비즈니스 상담의 목적

삼류는 '설명'을 목적이라고 생각하고
이류는 '판매'를 목적이라고 생각한다.
일류는 무엇을 목적이라고 생각할까?

당신은 고객과 상담할 때 어떤 생각을 하면서 임하는가?

'잘 설명할 수 있을까…', '제대로 이해해 주려나…' 등을 생각하는가?

그렇다면 주의해야 한다.

당신이 생각해야 할 것은 '고객이 정말로 곤란해 하는 부분은 어디에 있는가'다.

이 부분을 놓치면 파트너로서 신뢰를 얻기 힘들다.

실제 사례를 소개하겠다.

얼마 전에 보안 서비스 회사에서 영업을 하러 왔을 때의 일이다. 매우 예의 바른 영업맨이었고 상품 특성에 대한 설명과 이벤트 등 자세하게 설명해 주었다.

그런데 나는 만족스럽지 못했다.

상담은 정중한 설명만으로는 부족하다.

상담을 나눌 때 나는 '정보 누설에 대한 철저한 체제를 구축하고 싶다'라고 말했다.

곧바로 영업맨은 '알겠습니다'라고 답했다. 하지만 그는 나에게 정보 관리를 왜 그렇게 중요하게 생각하고 문제 삼는지, 그 이유는 묻지 않았다.

이상한 예감은 왜 틀리지 않는 것일까? '알겠습니다'라고 답한 후에 영업맨이 내놓은 제안은 '칩임을 당하면 방재 센터에 연락이 간다'는 것이었다.

처음부터 침입을 받고 싶지 않다는 것이 내가 생각하는 만전 (萬全), 즉 철저한 체제라고 말하자.

그는 또 이렇게 답했다.

"괜찮습니다. 이 실(seal)에는 억지력이 있습니다."

내가 원하는 답이 아니었다.

상황이 이렇게 되면 고객의 입장에서는 '팔려는 생각밖에 없구나'라고 느낄 수밖에 없다.

한편 이와 비슷한 시기에 나는 20년 전에 매입한 낡은 집을 팔려고 부동산을 찾아갔다.

그곳에서 프로다운 상담을 받고 감동하지 않을 수 없었다.

담당자는 나의 의향을 진중하게 듣더니 최신 자료를 찾아서 시세와 대책을 세우고 이렇게 제안했다.

"희망하시는 가격으로는 6개월 이내에 50%, 2개월 이내에 20% 정도가 팔리고 있습니다. 그래서 저희가 목표를 달성할 수 있는 확률을 장담할 수 없는 것이 사실입니다. 따라서 제가 드리는 제안은…"

여러 제안을 받았다.

상담 이후 6개월이 지났다. 집은 아직도 팔리지 않았다. 하지만 나는 만족하고 있다.

담당자의 제안을 참고로 '서두르기'보다 '가격을 우선하는 쪽'을 택했기 때문이다.

이렇듯 상담의 목적은 고객에게 설명하는 것도 판매하는 것도 아니다. 고객과 목표를 명확히 하고 과제를 정해서 해결책을 함께 고민하는 것이다.

결코 어려운 일이 아니다.

이것 역시 '히어링'으로 해결할 수 있다. 이번 장에서는 '일류의 상담 구조'에 대해서 살펴보자.

일류는 '문제를 해결하기 위해서'라고 생각한다.

 따라서 일단 일류 영업맨의 '상담 구조'를 기억하자.

● 라포르(Rapport)

삼류는 '그런데…'라고 대화를 시작하고
이류는 '날씨가 참 덥네요'라고 시작한다.
일류는 어떤 말로 시작할까?

고객과 명함 교환이 끝나면 드디어 상담의 본론으로 들어간다.
첫 대면인 경우 대개 고객은 당신을 경계할 것이다.
따라서 고객에게 중요한 이야기를 들으려면 일단 마음의 문을
열어야 한다.
바로 상담에서 제일 먼저 거쳐야 하는 '라포르'라는 단계다.
'라포르'는 '마음의 다리를 만든다'라는 의미다.

대부분의 영업맨이 화두로 날씨 이야기를 꺼내는데, 이것만으
로는 고객의 경계심을 풀기에 부족하다. 그렇다면 무엇이 효과
적일까?
'칭찬할 만한 것을 칭찬한다'가 경계심을 푸는 데, 가장 효과적이다.
'칭찬할 만한 부분'이란 고객에게 중요한 '일'이나 '물건' 또는

'생각'이다.

예를 들어 '꼬리가 귀여운 애완견이네요. 이런 강아지는 잘 없던데요'라는 말을 듣고 '무슨 소리예요?'라고 말하는 견주는 없을 것이다.

대개 '아, 그런가요?'라고 답할 것이다.

실제로 '아, 그런가요?'라는 말이 고객의 입에서 나오게 만드는 것이 경계심을 푸는 열쇠다. 애완견이 견주에게 소중한 존재이기에 그런 말이 나오는 것이니까.

이와 마찬가지로 상담 초반에 '칭찬할 만한 부분'을 칭찬하면 고객의 경계심은 일순간 무장해제가 된다.

그럼 라포르의 요령에 대해서 알아보자.

명함 교환을 마치고 자리에 앉았다면 다음의 흐름대로 이야기를 이끌어 나간다.

① 만나게 되어서 '대단히 기쁘다'는 기분을 전달한다.

② 상대방이 '소중히 여기는 것'에 관심을 보이고 '멋있다'라는 생각을 전달한다.

③ 그런 후에 '좀처럼 없다'라며 칭찬한다.

예를 들면 처음에 '감사합니다. 만나 뵙게 되어서 영광입니다'라고 기쁨을 전달하고,

'접수하는 사람의 응대에 감동했습니다. 여러 회사를 다녀봤지만 이런 곳은 좀처럼 없었거든요'라고 말한다. 이렇게 말하면 고객의 입에서 어떤 말이 나오겠는가?

그렇다. 바로 '아, 그런가요?'다. 경계심이 3cm 정도 허물어지는 순간이다.

만일 자택을 방문하는 경우라면 이렇게 말해보자.

"집안에 화초가 있으니 화사하고 좋네요. 이렇게 화초를 멋지게 가꿔놓은 집은 보기 드문데요."

고객의 입에서 '아, 그런가요?'라는 말이 나온다면 바로 경계심이 3cm 정도 허물어지는 순간이다.

자, 정리하겠다.

고객의 경계심을 풀려고 일부러 마음에도 없는 말을 할 필요는 없다. 아첨과 아부는 금방 들통이 나기 마련이다. '능구렁이가 따로 없군!'이라며 고객은 오히려 경계심을 더욱 높이고 빗장을 내걸 것이다.

'비위 맞추기식의 코멘트'를 삼가고 고객의 소소한 것에 '관심'을 갖는 것이 중요하다. 주차장, 현관, 복도, 방 등을 둘러보고 '고객이 소중하게 여기는 것'이 무엇인지 찾아보는 습관을 기르자.

관심을 갖는 것은 재능이 아니라 행동이다.

누구라도 할 수 있다.

일류는 '좀처럼 없다', '보기 드물다'라며 관심을 보이면서 대화를 시작한다.

 고객을 방문할 때는
'칭찬할 만한 부분'을 찾아보자.

● 히어링(Hearing)

삼류는 '고객의 욕구(needs)'를 듣고
이류는 '예정'을 듣는다.
일류는 무엇을 들을까?

이번에는 '라포르'의 다음 단계인 '히어링'이다. 일화를 하나 소개하겠다. 회의에서 부하직원이 사장에게 '상품이 팔리지 않는 이유'를 보고하는 상황이다.

"이곳의 성인은 민족의상만 입습니다. 그래서 저희 상품인 캐주얼 의류는 판매하기가 어려운 것입니다."

그러자 사장은 이렇게 말했다.

"그럼 새로운 민족의상을 만들어 보면 어떤가? 이제까지 없었던 새로운 걸 말일세."

이는 실제로 유니클로에서 있었던 일이다.

즉 고객의 '필요 없다'라는 의견을 그대로 받아들여서는 안 된다는 것이다.

히어링 단계에서는 고객의 '욕구'나 '예정'을 듣는 것이 아니라 고객조차도 미처 몰랐던, 즉 '숨겨진 욕구'를 파악하는 것이 중요하다.

캐쥬얼 의류업체인 유니클로의 실화처럼 '민족의상이 아무리 좋아도 지금의 민족의상에 100% 만족하지 않는다'라는 고객의 욕구를 찾아내야 한다.

고객의 채워지지 못한 '불만(不)'의 감정을 듣는 것이 일류다운 히어링이다.

그렇다면 '불만(不)'스러운 부분에 대해서 들으려면 어떻게 해야 할까?

히어링의 흐름을 소개하겠다.

① 일단 '상황'을 확인한다(제품의 사용 상황, 필요성 확인 등)

영업맨: 지금은 어떤 상품을 사용하고 계신가요?

고　객: A사 제품입니다.

② '불만(不)'을 확인한다(신경 쓰이는 불안감, 불편함 등)

영업맨: A사 제품만이 아니라 다른 제품을 사용하시면서 불편했던 점은 없으신가요? 괜찮으시다면 말씀해 주세요.

고　객: 조금 더 가벼웠으면 하는 생각이 들었어요.

영업맨: 왜 그렇죠?

고　객: 저희 부모님이 여든이신데 무거우면 쓰기 불편해서 가

벼운 쪽이 더 좋다고 하셔서요.

③ '위협'을 확인한다(불만이 해소되지 않으면 어떻게 되는지)

영업맨: 지금 이 상태라면 어떤 문제가 발생할 것 같으신가요?

고　객: 요통이 악화될지도….

④ '바람'을 확인한다(실제로 어떻게 하고 싶은지)

영업맨: 혹시 이렇게 하면 좋겠다 하는 의견이 있으신가요?

고　객: 무조건 가벼웠으면 좋겠습니다.

⑤ '필요성'을 확인한다(대책을 강구할 필요가 있는지)

영업맨: 만일 괜찮으시다면 제가 해결책을 찾아봐 드릴까요?

이렇게 히어링의 목적은 고객의 욕구를 확인하는 것이 아니라 욕구를 만들어 내는 것이다.

그렇기에 인터넷 시대인 요즘도 일류 영업이 필요한 것이다.

일류는 '불만(不)'스러운 부분을 말해달라고 한다.

앞으로는 고객의 욕구가
'없다'고 말하지 말자.

● '지금은 필요 없다'라는 말을 들었을 때

삼류는 '단념'하고
이류는 고객을 살피는 데 '주저'한다.
일류는 어떻게 할까?

"지금은 딱히….."

고객의 속마음을 좀처럼 듣기 어려울 때가 있다.

이때 대부분의 영업맨이 단념하거나 질문을 던지는 데 주저하고 만다.

이는 고객이 자신의 속마음을 숨기는 것이 아니라 영업맨의 '묻는 방법'에 문제가 있는 것이다.

예를 들어 '이 물은 어떤가요? 맛있습니까?'라고 물으면 '맛있다'라고 대답할 수밖에 없다. 그런데 고객은 과연 진심으로 그 물에 만족하고 있을까? 그렇지 않을 수도 있다.

즉 고객조차 미처 알아차리지 못한 속마음을 정확하게 끄집어낼 수 있는지 없는지가 일류를 판가름하는 기준이다.

그렇다면 고객의 속마음을 어떻게 하면 끄집어낼 수 있을까?

그 방법을 소개하겠다.

바로 '점수'로 대답하도록 묻는 방법이다.

'점수로 매기면 몇 점입니까?'라고 물으면 고객은 싫은 기색 없이 편하게 답해 준다.

영업맨: 지금 타시는 자동차는 불편한 점이 없으신가요?

고　객: 음, 글쎄요…. 지금은 괜찮아요. 딱히 문제도 없고요.

영업맨: 다행이네요. 그럼 한 가지 더 여쭤보겠습니다. 만일 지금 타시는 자동차에 대한 만족도를 점수로 표현하신다면 몇 점 정도일까요?

고　객: 음…, 8점 정도요.

영업맨: 2점을 빼셨는데 어떤 면이 부족해서 빼신 건가요?

고　객: 그게…, 연비가 리터당 7km라서요.

영업맨: 그 말씀은?

고　객: 실은 다음 달에 아기가 태어나요. 아이를 기르려면 돈이 많이 들잖아요.

영업맨: 아, 그러셨군요. 곧 아기가 태어난다니 진심으로 축하드립니다!

이렇게 처음에는 '괜찮다'라고 대답했던 고객이지만 '연비에 불만이 있다'라는 속마음을 알아낼 수 있다.

요즘은 고객을 배려한다면서 질문을 하지 않는 영업맨이 늘고 있다고 한다.

물론 남의 속마음을 알려고 이렇게 저렇게 '캐는 것'을 누가 좋아하겠는가? 그 기분을 이해 못하는 것은 아니다.

하지만 고객에게 관심을 갖고 '물어보는 것'은 고객에게도 기쁜 일이다.

그러니 점수로 묻는 방법을 적극적으로 활용해 보길 바란다.

마치 퀴즈를 푸는 것처럼 고객은 당신의 질문에 편하게 대답해 줄 것이다.

마지막으로 한 가지 더!

만일 '10점입니다', '만점입니다'라는 대답이 돌아온다면 어떻게 해야 할까?

그때는 '어떤 점이 보완이 된다면 12점이 될까요?'라고 묻는다.

때로는 끈질김도 필요하다.

일류는 고객에게 '10점 만점 중 몇 점?'이라고 퀴즈를 낸다.

 일단 직접적으로 묻기 어려운 것은
'점수'로 물어보자.

● 프레젠테이션에서 라이벌을 이기려면

삼류는 '가격'을 내리고
이류는 '상품력'으로 승부한다.
일류는 무엇으로 승부할까?

히어링의 다음 단계는 프레젠테이션이다.

경쟁 상대를 이기려면 무기가 될 '우위성'이 절대적으로 필요하다. 그렇다고 가격을 깎을 필요는 없다. 상품력도 없고 회사 지명도도 높지 않다며 한탄할 필요도 없다.

내가 이전 직장에서 경험했던 일을 하나 소개하겠다. 대규모 채용 프로젝트의 업자 선정에 참가했을 때의 일이다.

우리가 제시했던 견적은 다른 회사의 1.5배였다(1억 엔 이상 차이가 났다).

그런데 만장일치로 우리가 제안한 기획이 선택됐다.

나른 회사는 계약을 따내는 것을 약속했고 우리는 고객의 성공을 약속했다. 즉 다른 회사는 가격적인 장점을 내세웠고 우리는 고객의 성공을 실현하기 위해서 '업무 전반에 대한 노력을 게을리하지 않고 이와 동시에 채용 노하우도 제공하겠다'라는 전략으로 승부를 걸었던 것이다.

나중에 이것이 우리를 선택한 이유라고 들었다.

자, 다시 언급하겠다. 일류 영업맨의 승률이 높은 이유는 고객의 성공을 약속하고 '계약 후의 모든 일을 맡겠다'라고 약속하기 때문이다.

이는 잘 알려지지 않았지만 이런 약속은 고객에게 당신의 '각오'로 평가되고 '우위성'이 된다.

만일 여기서 '상품력'의 차이로만 승부를 걸었다면?

지금은 상품력만으로 격차를 벌리기 어려운 시대다. 기능적인 면에서 별반 큰 차이가 없는데다가 가령 '넘버원'을 어필할 경우 '사용자 수에서 넘버원'이라고 말하면 다른 회사는 '사용자 만족도에서 넘버원'이라며 얼마든지 '넘버원'이라는 문구를 판매 전략으로 내세울 수 있다.

이렇게 되면 기능성의 차이를 내세운들 넘버원을 내세운들 결국은 '가격' 승부로 전락할 수밖에 없다.

따라서 지금은 '결과를 약속한다'로 격차를 벌리는 승부가 정답이다.

예를 들어 주택 판매 영업이라면 '공법 차이'를 전략으로 내세울 것이 아니라 안심할 수 있는 '자금 조달 방법'까지, 구인 광고 영업이라면 '저렴한 가격'을 내세울 것이 아니라 '선고 방법'까지 약속하는 것이다.

이처럼 계약 후의 일까지 약속하는 자세가 당신의 '우위성'이 된다.

참고로 통신 판매 기업인 재패넷(Japanet)은 컴퓨터 판매 영업을 할 때 일부러 고객의 집에 방문해서 접속해 주는 서비스 약속을 잡는다. 피트니스 센터인 라이잡(RIZAP)은 트레이너가 매일 고객의 식단을 메일로 확인하는 것까지 약속한다. 그래서 팔리는 것이다.

가격이나 상품력의 차이가 중요한 것이 아니다. 계약 후의 성공을 위해서 고객과 함께 하는 것이 중요하다.

그렇다면 다른 회사는 왜 그렇게 하지 않을까?

이유는 간단하다. 귀찮아서.

다른 회사가 귀찮다고 생각하는 일까지 하는 것, 이것이야말로 평범하지만 일류 영업맨다운 발상이 아닐까?

Road to Executive

일류는 '결과를 약속한다'로 승부한다.

 계약 '그 이후의 결과'를 약속하자.

● 기획서

삼류는 기획서를 '두껍게' 만들고
이류는 기획서 '디자인'에 공을 들인다.
일류는 기획서로 무엇을 전달할까?

자, 질문을 하나 하겠다.

기획서의 '품질'이란 무엇일까?

바로 '고객이 알고 싶은 것'을 단적으로 심플하게 드러내고 있느냐의 여부다.

단적일수록 호평을 받는다.

장황하면 고객이 회사로 돌아가서 품의할 때 관계자에게 설명해야 할 것이 많기 때문이다.

"그럼 98페이지를 봐주세요."

이렇게 두꺼운 기획서를 받으면 어떻겠는가? 이 기획서를 활용해서 사내 관계사에게 설명을 해야 하는데 양이 많아도 너무 많지 않은가? 마치 벌칙을 받고 있는 듯한 기분마저 들 것이다.

두꺼운 기획서를 건네는 것은 그야말로 '고객에 대한 배려가 부족한 행위'다.

또한 기획서 디자인에 공을 들이는 것도 결국은 자기만족에 지나지 않는다.

현실에서 '기획서 디자인이 참 좋군요. 이 기획으로 갑시다!'라는 일은 일어나지 않는다.

그렇다면 어떤 기획서가 가장 좋은 것일까?

'선택하고 싶은 근거'가 심플하게 명시되어 있는 것, 이것이 가장 좋은 기획서다.

좋은 기획서를 작성하려면 브리오(VRIO)의 요소를 갖춰야 한다.

브리오란 미국 오하이오 주립 대학의 제이 바니(Jay Barney) 교수가 제창한 '경쟁 우위성을 정리한 프레임'으로 매우 유용하다.

【고득점을 따는 기획서의 요건】

- 효과(Value) — 예산 내에서 고객의 목적을 명확하게 달성할 수 있는 기획이다.
- 희소성(Rareness) — 고객을 위해서 특별하게 만든 기획이다.
- 모방 불가능(Imitability) — 다른 회사에서 모방할 수 없는 기획이다.
- 조직(Organization) — 신뢰할 수 있는 조직이다(실적 등).

기획서를 작성할 때 이들 요소가 잘 갖춰져 있는지 확인해 보자. 특히 '모방 불가능'은 승률을 높이는 데 매우 중요하다.

기획서도 스포츠와 마찬가지다. '채점 항목'을 잘 구성하는 것이 승률을 높이는 조건이다.

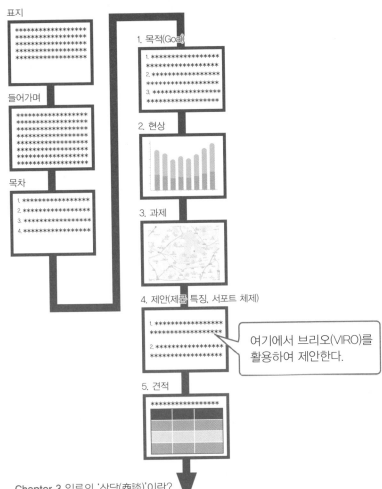

기획서의 기본 구성(사례)

표지

들어가며

목차

1. 목적(Goal)

2. 현상

3. 과제

4. 제안(제품 특징, 서포트 체제)

여기에서 브리오(VIRO)를 활용하여 제안한다.

5. 견적

Road to Executive

일류는 효과를
'알기 쉽게' 전달한다.

 기획서에 '다른 회사가 모방할 수 없는 것'을 담자.

● 프레젠테이션 전달법

삼류는 '생각나는 대로' 말하고
이류는 '하고 싶은 것'을 전달한다.
일류는 무엇부터 전달할까?

"그러니까 이 제품은 고객 평가도 좋고, 비용도 절감할 수 있다는 의견도 있고, 사용된 부품도 좋고…."

실적이 좀처럼 늘지 않는 영업맨의 프레젠테이션을 받아 적은 것이다.

자, 빠른 속도로 소리 내어 읽어보자. 의외로 평범하게 들리지 않는가?

실제로 많은 영업맨이 이렇게 말한다. 그런데 듣고 있으면 유감스럽게도 무슨 말인지 도통 이해할 수가 없다. 그 이유는 '생각나는 대로' 말한 것이기 때문이다.

이런 식의 프레젠테이션은 통과될 안건도 통과시키지 못한다.

"이 제품은 평판이 정말 좋습니다."

이 역시도 안 된다.

사실이라도 본인이 하고 싶은 말이지 상대방(고객)이 알고 싶은 것이 아니기 때문이다. 오래된 홈쇼핑 채널처럼 '강압적인 태도'가 노골적으로 드러나 있다.

프레젠테이션을 잘하려면 상대방(고객)이 알고 싶은 것을 '결론'부터 간결하게 전달하는 것이 정답이다.

일단 상대방에게 매력적인 부분부터 전달하면 틀림없다.

"이 제품을 사용하면 비용을 지금의 절반으로 줄일 수 있습니다. 왜냐하면…"

방금 전과 동일한 내용을 언급한 것인데 어떤가? 느낌이 전혀 다르지 않은가?

상대방이 '알고 싶은 것'부터 먼저 언급했기 때문이다.

이것이 바로 프레젠테이션을 잘하는 사람이 구사하는 '프랩(PREP)'이라는 화법이다.

프랩이란 간결하게 알기 쉽도록 전달하는 화법이다. 제일 먼저 결론(Point)부터 말하고 그다음에 이유(Reason)를 설명하고 구체적인 예시(Example)를 들고 마무리로 요점(Point)을 정리한다.

방금 전의 대화를 예로 들면 이런 식이다.

"이 제품을 사용하면 비용을 지금의 절반으로 줄일 수 있습니다."【Point】

⬇

"왜냐하면 에너지 절약 기능을 도입했기 때문입니다."【Reason】

⬇

"예를 들어 여기, 여기 그리고 여기 이렇게 세 군데에 에너지 절약 기능을 도입했습니다. 기존 제품은 한 군데만 도입했었죠. 이 제품을 사용해본 고객의 100%가 설문 조사에서 '비용이 절반으로 줄었다'라는 답변을 주셨습니다."【Example】

⬇

"따라서 이 제품을 사용하면 월비용을 반으로 줄일 수 있습니다."【Point】

재차 언급하는데 '상대방이 알고 싶은 것'부터 말하는 것이 정답이다. 세 군데에 에너지 절약 기능을 도입했다는 것부터 말해서는 안 된다.

프랩 화법을 활용하면 마치 자동 기어 차량이 의식하지 않아도 앞으로 전진하듯 의식하지 않아도 '상대방이 알고 싶은 것'부터 이야기할 수 있게 된다. 반드시 프랩 화법을 익혀서 자기 것으로 만들어 보자.

Road to Executive

일류는 '지금 상대방이
알고 싶어 하는 것'부터 전달한다.

 간결하고 알기 쉽게 전달하자.
'프랩' 화법을 꼭 익히고 기억하자.

삼류는 '자신도 쓰고 있다'고 설득하고
이류는 '그 사람도 쓰고 있다'고 설득한다.
일류는 어떻게 설득할까?

"이 건강 보조제를 마셨더니 컨디션이 좋아지더라고요. 그러니 30팩 정도 구매해서 마셔 보세요."

얼굴에 미소를 지으며 이렇게 말하는 사람의 눈은 대개 웃고 있지 않다.

"A사에서 써보시더니 흡족해한 상품입니다. 귀사에도 잘 맞을 것 같은데 어떠신가요?"

이렇게 말하면 '우리는 A사와 사정이 다르다'라는 핀잔을 들을 것이다.

'나도 그러니 당신도 그렇지 않겠느냐'라는 뜻인데, 사실 고객은 이런 식으로 '설득'당하고 싶어 하지 않는다. 오히려 설득을 당하면 '설득당하다니! 분하다!'라고 생각한다.

즉 영업에서 설득은 역효과를 낳을 뿐이다.

원래 프레젠테이션은 고객을 '설득'하기 위한 것 아니다. 고객에게 '납득'을 얻기 위한 행위다.

이 점을 잊어서는 안 된다.

프레젠테이션을 할 때 안성맞춤인 제안법이 있다.

바로 '선택지'를 제시하는 방법이다.

일단 A안과 B안을 정한다.

A안은 합리적인 제안, 그리고 B안은 당신이 좋다고 생각하는 제안이다.

고객에게 다음의 흐름과 같이 제안한다.

'A안의 장점'→ 'A안의 단점'→ 'B안의 단점'→ 'B안의 장점' 순서로 말한다.

꼭 한번 시도해 보길 바란다.

그럼 리모델링 영업을 예로 들어보겠다.

"리모델링 업자를 선택할 때 두 가지 방법이 있습니다.

하나는 지인에게 부탁하는 방법(A안)이고

다른 하나는 여러 전문업자 중에서 선택하는 방법(B안)입니다.

전자는 아무래도 지인을 통한 소개이니 믿고 맡길 수 있는 것이 가장 큰 장점입니다.

하지만 여러 가지 플랜을 들어보고 고를 수 없는 것이 단점이지요.

물론 후자의 경우도 다소 번거롭고 귀찮은 부분이 있습니다. 하지만 여러 플랜을 들어볼 수 있고 그중에서 납득이 가는 플랜을 선택할 수 있는 장점이 있지요.

일단 고객님께서 어떤 목적이신지 그에 맞는 것은 어떤 방법인지 고민해 보시면 어느 쪽이 자신의 생각과 더 가까운지 판단이 서실 겁니다."

어떤가? 당신이라면 고민해 보고 납득이 가는 B안을 선택하지 않겠는가?

이처럼 선택지를 제시하면 고객은 납득이 가는 결정을 내릴 수 있다.

선택지를 제시하는 제안법을 자신의 무기로 삼아보자.

일류는 '방법은 두 가지입니다'라며 고객이 선택하도록 한다.

 고객의 납득을 얻으려면
'선택지'를 제시하라.

● 클로징(Closing)

삼류는 '기다리겠습니다'라는 메시지를 남기고
이류는 '다시 연락드리겠습니다'라는 메시지를 남긴다.
일류는 클로징에서 무엇을 확인할까?

드디어 상담의 마지막 단계인 계약 의사를 확인하는 '클로징'
이다.

주변을 둘러보면 클로징 단계가 가장 어렵고 서툴다고 말하는
영업맨이 많다. 또한 클로징을 제대로 하지 않고 '기다리겠습니
다' 또는 '다시 연락드리겠습니다'라는 메시지를 남기고 돌아오
는 영업맨도 적지 않다.

고객의 입장이 되어 보면 알겠지만 영업맨이 클로징을 제대로
해주지 않으면 초조함마저 들기도 한다.

왜냐하면 고객은 'NO'라고 말하고 싶기 때문이다.

'다시 연락드리겠습니다'는 추후에 클로징할 의사를 남기는 말
인데, 고객이 'NO'라고 말하고 싶은 기분을 이런 식으로 뒤로 밀

어서는 안 된다.

고객의 'NO'에는 두 가지 의미가 있다.
하나는 '아직 의문점이 해소되지 않았다'라는 사인이고, 다른 하나는 '지금은 아직 필요하지 않다'라는 사인이다.

문제는 전자의 경우인데, 고객은 '확인해 줬으면…'하고 생각한다. 이를 영업맨이 알아차리느냐 못하느냐가 매우 중요하다. 그래서 일류 영업맨은 반드시 클로징을 하고 고객의 'NO'를 적극적으로 듣는다.

그렇다면 '클로징을 진행하는 방법'에 대해서 알아보자.
두 가지 단계로 나눌 수 있다. 계약을 맺기 전의 클로징과 계약을 제시할 때의 클로징이다.

【1단계: 테스트 클로징(계약을 맺기 전)】
영업맨: 그러시면 플랜만이라도 가지고 올까요?
고 객: 네, 부탁드립니다.
영업맨: 뭔가 걱정되시는 부분이나 의문점은 없으신가요?
고 객: 아니요, 괜찮습니다.
영업맨: 만일 있으시면 말씀을….

고　객: 그게, 그러니까 괜찮을지….

【2단계: 다이렉트 클로징(본 계약을 제시)】
영업맨: 대단히 감사합니다. 신청서 작성을 부탁드려도 되겠
　　　 습니까?
고　객: 음….
영업맨: 뭔가 걱정되시는 점이나 의문점이 있으신가요?
고　객: 실은….
영업맨: 제가 실례했습니다. 바로 설명해 드리겠습니다.

이제 알겠는가?
클로징은 '고객의 의사를 확인하는 서비스 작업'이다.
따라서 고객이 느낄만한 불안이나 걱정, 이상한 점, 의문점을
절대로 놓치지 않겠다는 자세가 중요하다. 반드시 '걱정스러운
점이나 의문점이 없는지'를 묻는다.
절대로 클로징 단계를 소홀히 여기거나 생략해서는 안 된다.
이 역시 고객에 대한 서비스(hospitality)다.

Road to Executive

일류는
'걱정스러운 점은 없는지'를
확인한다.

 클로징은 '고객에 대한 서비스'라고 생각하자.

● 클로징에서 'NO'라고 들었다면

삼류는 '그렇지만…'이라고 말하고
이류는 '알겠습니다. 그런데…'라고 말한다.
일류는 뭐라고 말할까?

자, 클로징을 했을 때 고객에게 'NO'라는 말을 들었다면 어떻게 대처해야 할까?

'그렇기는 하지만 너무 성급하시네요(But)'라고 말한다면 이는 싸움으로 번질 것이다.

'알겠습니다. 그런데 조금 성급하신 것 같습니다(Yes/But)'라고 말하는 것 역시 고객을 욱하게 만든다.

정답은 '실례했습니다. 제 설명이 부족했습니다'라고 답하는 것이다. 고객의 마음을 이해하고 가까이 다가가야 고객의 마음을 사로잡을 수 있다.

방금 전에 '반론'은 납득을 높이기 위한 대화라는 이야기를 했었다.

따라서 고객의 '반론(NO)'에 대해서 '그런데', '하지만'이라며 싸움에 응할 것이 아니라 진지하게 받아들이고 정중하게 답하는 과정을 통해서 고객을 납득시켜야 한다. 다음의 두 가지 단계대로 해보자.

(1) 예상되는 고객의 반론에 미리 답을 준비해 둔다.
(2) '실례했습니다. 제가 설명이 부족했습니다'라며 다시 한번 설명한다.

그렇다면 예상되는 고객의 반론에 어떻게 '준비'하면 좋을까?

① '오해(착각)'에 대한 준비
《고객의 반론 사례》'잘 망가진다고 하던데 괜찮은가?' 등
《대처 준비》예상되는 반론에는 '사례', '자료'를 준비해 둔다.

② '억지를 부리거나 우기는 행동'에 대한 준비
《고객의 반론 사례》'환불이 가능하다면 계약하겠다' 등
《대처 준비》히어링 단계에서 들었던 '불만(문제)'을 언급한다.

예를 들면
'제가 실례했습니다. 지금 해결해야 할 것은 ○○○라고 들었

습니다. 환불은 조금 어려운 상황이지만 혹시 괜찮으시다면 문제를 해결하기 위해서 저를 믿고 맡겨주시면 안 되겠습니까?'라고 말하는 것이다.

이렇게 말하면 '당신에게 맡길 수 없다'라고 딱 잘라 거절하기 어렵다.

③ '혼자 결정할 수 없다'에 대한 준비
《고객의 반론 사례》'상사와 논의해야 한다' 등
《대처 준비》이때는 상대방의 의사를 확인한다. 긍정적이라면 품의 준비를 돕겠다고 제안한다(제안서 작성, 회의 동석 등).

자, 어떤가?
치고 빠지는 것이 한 세트인 것처럼 반론과 대처를 한 세트라고 생각하자.
또한 치고 들어가는 데도 '방식'이 있듯이 반론에 대한 준비도 일류의 '방식'이 있다.
숙지하고 준비해 두자.
이 또한 고객을 위한 서비스다.

일류는 '실례했습니다.
예를 들면…'이라며 보충한다.

 고객의 반론에 대한 준비도
'고객 서비스'라고 생각하자.

Chapter 4

일류의
'동기(motivation)
향상법'이란?

동기 부여에
좌우되지 않는 사람이 되자

영업을 하다 보면 반드시 찾아오는 고민거리가 동기 부여다.

당연한 일이다.

영업직은 목표치와 대인(對人)에 대한 부담감이 크고 시간과의 싸움이다. 그리고 무엇보다 영업 활동 하나하나가 녹록하지 않아서 스트레스가 심하다.

그런데 일류라고 불리는 영업맨은 동기 부여에 크게 영향을 받지 않는다.

오히려 슬럼프조차 긍정적으로 활용한다.

그렇다고 '뜨거운 물에 손가락을 담가도 뜨겁지 않다'와 같이 강인한 정신력의 소유자인가 하면 반드시 그렇지도 않다.

그들은 손가락을 담그기 전에 조용히 그 자리에서 사라지는 오히려 합리적인 정신력의 소유자다.

그렇다면 합리적인 그들은 어떻게 부담감이나 압박감을 극복할까?
이번 장에서는 연수나 강연에서 가르쳐 주지 않는 일류의 셀프 매니지먼트 요령을 소개하고자 한다.

'나는 못할 것 같아…'하는 부분이 있어도 괜찮다.
일단 무엇이든 하나라도 자신이 할 수 있는 것을 찾으면 된다.
그것이 이번 장의 목표니까.

압박감이나 부담감에 시달릴 때 이번 장에서 소개하는 것 중에서 하나라도 좋으니 반드시 시도해 보길 바란다.

● 의욕이 생기지 않을 때

삼류는 '적성에 맞지 않는다'라며 고민하고
이류는 '힘을 내자'라며 초조해한다.
일류는 무엇을 할까?

이번에는 사내 영업 매뉴얼이나 연수 강연에서 가르쳐 주지 않는 것을 다루고자 한다.

영업을 하다 보면 '좀처럼 의욕이 나지 않을 때'가 있다.

나는 그 기분을 십분 이해한다. 그래서 하고 싶은 말이 많다.

일단 그런 기분이 들었다는 것은 자신에게 충전할 시간이 찾아왔다는 뜻이다. 다른 뜻은 없다. 그뿐이라고 생각하자. 초조해할 필요가 전혀 없다.

원래 의욕이란 내려고 노력한다고 해서 낼 수 있는 것이 절대 아니다.

실수하거나 틀렸더라도 자신과 맞지 않는다고 성급한 판단을 내리지 않는 것이 중요하다.

그렇다면 어떻게 해야 할까?

일단 **자신만의 충전 방법**을 찾아보자. 일류 영업맨도 자신만의 충전 방법이 있기에 슬럼프가 찾아왔을 때 금방 빠져나올 수 있는 것이다.

예를 들어 '친구를 만난다', '카페에 간다', '음악을 듣는다' 등 자신에게 맞는 방법을 선택해 보자. 그것이 제일 좋으니까. 개인적으로 나는 '서점에 가는 방법'을 추천한다.

이유는 정독까지는 아니더라도 책을 스르륵 넘기면서 대충 훑는 것만으로도 자신을 충전하는 힌트를 찾을 수 있기 때문이다.

【① 관점의 전환: 길게 보면 초조해할 필요가 없다는 관점】

(예를 들어 그 유명한 경영자도 고생을 많이 했고 실패도 많이 했기에 그것이 밑거름, 재산이 되어서 성공할 수 있었다는 내용의 책이 많다. 책을 통해서 다른 사람의 산전수전을 접해 보면 자신의 고민이 얼마나 하찮고 작은지 깨닫게 된다.)

【② 깨달음의 획득: 새로운 영업 방법을 알게 된다】

(예를 들어 영업 관리 툴이나 커뮤니케이션 방법, 고객 관리 방법 등 자신이 시도해 본 적이 없는 다양한 방법이 책에 나와 있다. '아직 해봐야 할 것이 많구나'라고 깨닫게 된다.)

책을 읽을 때 만날 수 있는 당신의 모습이다. 분명히 당신에게도 효과적인 충전 방법이 될 거라고 나는 확신한다.

재차 언급하지만 '의욕'이 나지 않을 때 억지로 해봤자 성과는 오르지 않는다. 충전이 필요하다면 과감하게 행동으로 옮기자.

다만 충전할 때 시간을 미리 정해두는 것이 좋다.

시간을 정하지 않고 질질 끌면서 아무것도 하지 않으면 오히려 지칠 수 있기 때문이다.

'지금부터 1시간 동안', '지금부터 2시간 동안' 등 시간을 정해서 충전하는 것이다. 한두 시간만으로도 의외로 기분 전환이 가능하다.

서점에 간 김에 구입한 책을 카페에서 읽으면서 깨달은 점이나 느낀 점 등을 종이에 적는 방법도 효과적이다.

자, 결론이다.

앞으로 이렇게 생각하자.

'실적 향상을 위해서 휴식을 취하는 것이 충전이다. 단, 땡땡이는 낭비다'라고.

이렇게 생각하면 마음이 한결 편해지지 않는가?

Road to Executive

일류는
조용히 '서점'을 찾는다

 '의욕이 나지 않을 때=충전이 필요한 시간'이라고
생각하자.

● 불안이 찾아왔을 때

삼류는 '전직'을 생각하고
이류는 무리하게 '꿈'을 가지려고 한다.
일류는 무엇을 할까?

"벌써 2년이나 일했습니다. 영업 일은 할만큼 했다고 생각합니다. 이제는 전직을 할까 합니다."

이렇게 소식을 전하는 사람이 있다. 물론 누군가에게 소식을 듣거나 근황을 보고 받는 것은 기쁜 일이 아닐 수 없다. 하지만 나는 한편으로 '아쉽다…', '안됐다…'라는 생각이 들기도 한다.

'본인은 많이 불안했겠지', '오죽이나 힘들었으면…'하는 안쓰러움과 '주변에 선배 혹은 누군가 "영업의 재미"를 알려주지 않았구나'하는 안타까움이 교차하기 때문이다.

사실 2, 3년 해보고 영업의 진정한 재미를 알기란 쉽지 않다.
'평생 인연을 이어갈 고객과 만났나?',
'고객과 함께 기뻐했던 순간이 있었나?',

'한 치 앞도 모르는 힘든 상황 속에서 용기를 내어 1위에 올라섰고 그 기쁨이 주변 사람들 덕분이라고 느꼈던 적이 있나?' 등.

분명 아직 이루지 못한 일이 많을 것이다.

자, 본론이다.

영업을 하다 보면 평범한 일상 속에서 '앞날에 대한 불안'이 엄습해 올 것이다.

그런데 불안이 다가왔을 때야말로 당신에게 찾아온 기회의 순간일지도 모른다.

불안을 떨쳐내고 역경을 극복할 힘을 기르는 좋은 기회라고 생각해 보자.

그러기 위한 좋은 방법을 하나 추천하겠다.

'스몰 스텝(Small Step)'이라는 방법이다.

스몰 스텝이란 지금 당장 도전할 수 있는 '작은 목표'를 설정하고 지속적으로 이루어 나가는 것이다. 그러면 언젠가 '자신이 원하는 상황'에 이르게 된다.

어느 날 갑자기 '에베레스트 산에 오르자!'라고 생각하면 어렵지만 '일단 동네 뒷산을 오르자. 그다음에는 저기 보이는 큰 산에 오르자!'라고 생각하면 어떤가? 지금 당장 도전해서 이룰 수 있는 작은 목표라면 의욕이 생기지 않는가?

영업의 경우는 '기획서를 작성해 보자', '답변 메일에 쓸 문장을 고심해 보자', '고객을 알기 위해서 정찰에 나서보자' 등 작은 목표를 세우고 하나씩 이루어 보자.

이렇게 하나씩 이루어 나가는 동안 당신의 불안은 점차 사라지고 실력은 착실하게 쌓일 것이다.

일류 영업맨도 지금이야 '일류'라는 말을 듣지만 신입 시절에는 온갖 고생을 다 겪은 사람이다.

잠이 부족하거나 회사에 가기 싫거나 고객이 화를 내는 등 산전수전 공중전을 겪지 않은 사람은 없다. 그것이 영업맨의 삶이다.

일류 영업맨도 당신과 마찬가지로 온갖 고생을 겪고 극복해서 그 자리에 오른 것이다.

그리고 그들이 하나같이 입을 모아 하는 말이 있다.

'고생이야말로 나의 재산이다.'

다시 언급하지만,

만일 불안이 다가온다면 전직을 고려할 것이 아니라, 또한 무리하게 큰 꿈을 가지려고 노력할 것이 아니다. 지금 당장 할 수 있는 작은 목표를 설정하고 이루어 나가는 '스몰 스텝'을 실천해 보길 바란다. 분명히 마음속의 불안은 사리지고 지금 겪는 고생이야말로 당신의 미래에 소중한 재산이 될 것이다.

Road to Executive

일류는
'작은 목표'를 설정한다.

 미래에 대한 불안이 엄습해 온다면
스몰 스텝법을 실행해 보자.

삼류는 '할당량'이라고 생각하고
이류는 '압박'이라고 생각한다.
일류는 뭐라고 생각할까?

영업직은 매일 목표 달성에 대한 압박감에 시달릴 수밖에 없다. 떼려야 뗄 수 없는 것이다.

나 역시 영업 일에 익숙하지 않았을 때 잠을 설치기도 했고 식은땀을 주룩주룩 흘리기도 했다.

그런데 목표에 대한 관점을 바꾸기만 해도 목표 자체를 자신의 에너지로 바꿀 수 있다.

일단 고되고 힘들 때는 영업 목표의 '정체'를 명확하게 파악해 보길 바란다.

영업 목표를 달성하지 못했다고 해서 감방에 가는가?

몸과 마음이 불편하기는 하겠지만 직장에서 당신을 해고하지 않는다.

또한 월급이 삭감될 수는 있어도 길거리에 나앉는 일은 없다.

이렇게 생각하면 목표의 본질이 명확하게 보일 것이다.

나는 이렇게 생각했다.

'영업은 리스크가 없는데도 달성하면 칭찬을 받을 수 있다. 이렇게 쉬운 게임이 어디 있어?'

자, 목표의 정체가 '게임의 골(goal)'라는 것을 알았다면 이제 공은 이쪽으로 넘어온 셈이다.

즉 게임이니까 '게임의 골'은 자신이 정하면 된다.

나는 목표에 대한 생각을 이렇게 바꾼 후에 '3개월간의 달성 목표를 2개월 만에 달성하겠다'라는 '게임의 골'을 정하고 도전에 임했다. 물론 도전 과정은 험난했지만 내가 정한 도전이기에 누가 시켜서 억지로 하는 기분은 전혀 들지 않았다.

그래서일까? 스스로 하겠다고 마음먹었더니 신기하게도 2개월 만에 목표를 달성할 수 있었다.

사람은 스스로 목표를 정하면 저절로 그 목표를 향해서 열심히 노력하려는 습성이 있다.

따라서 회사에서 배당한 목표를 이루는 것보다 마치 게임 레벨을 높여나가는 것처럼 본인 스스로가 자신의 성장을 느낄 수 있는 목표를 설정하는 편이 실력은 일취월장한다.

이외에도 영업을 게임화하는 옵션으로

'상담에서 계약률을 높이는 도전',

'평소에 만나기 어려운 사장과의 약속 잡기에 도전'

등 재미를 느끼면서 매일의 업무를 게임이라고 생각하는 방법이 있다.

여담이지만 예전에 우리 팀 소속이었던 프랑스인 ○○○은 정말 훌륭했다.

그가 '돌발 영업과 전화 약속은 너무 즐겁고 재미있다'라고 말했던 것을 아직도 잊을 수가 없다. MBA 소지자이자 런던 비스니스 스쿨 출신으로 전 직장은 스위스가 본사인 대형 제약회사의 글로벌 인사 책임자였을 만큼 유능한 인재다.

그는 자신이 프랑스인인 것을 무기로 외국계회사의 경영자와 약속을 마구 잡아댔고 대사관 모임에도 참석해서 간부 명함을 싹쓸이해 오기도 했다. 또한 능숙하지 못한 일본어 몇 마디가 돌발 영업에 효과적이라는 것을 알고 나서부터는 그 방법을 요령껏 써먹는 등 마치 게임을 하듯 일을 즐기면서 레벨 업을 했다.

재차 말하지만 영업은 자신과의 싸움이다.

만일 목표 달성이 힘들고 고되다면 목표는 '게임의 골'에 불과하다고 생각하자. 목표를 단순하고 냉정하게 바라보는 것이다. 영업은 게임이라고. 이것이 영업, 아니 모든 일의 본질이기도 하다.

일류는 영업 목표를
'게임의 골'이라고 생각한다.

 목표는 자기 스스로 정하자.

● 까다롭고 귀찮은 고객

삼류는 욱하고
이류는 지치고 만다.
일류는 어떻게 대처할까?

당신은 대하기 어려운 고객이 없는가?

유독 까다롭고 기준이 높은 고객, 왠지 모르게 냉담한 태도를 보이는 고객 등 세상에는 다양한 사람이 존재한다.

만일 이런 고객이 있다면 이렇게 생각하자.

'차분하게 담대하게 내 할 일을 다 하면 길은 열릴 것이다'라고.

감정의 스위치를 끄고 자신에게 주어진 과제를 묵묵히 수행하는 편이 길은 활짝 열리는 법이다.

나도 여러 번 경험했는데, 일화를 하나 소개하겠다.

고객은 우동 가게를 운영하는 사장님이었디.

그는 내가 아무리 가게를 찾아가도 눈길 한 번 주지 않았다.

그야말로 무시 그 자체였다.

'나를 싫어하는구나'하는 걱정과 불안이 있었지만 영업을 하려면 잠시 접어둘 필요가 있다고 생각했다.

나는 매일 같이 우동 가게를 찾아갔다. 3개월이 지나도 사장님은 아무 말도 하지 않았다. 그런데 6개월 정도 지속적으로 방문하던 어느 날 드디어 말문을 열었다.

"자네, 꽤 하는군…."

이후로 사장님은 우리 회사의 단골 고객이 됐다. 아마도 나를 시험했던 것 같다.

이렇듯 까다로워 보이는 상대방도 언젠가 반드시 통하는 법이다. 이 역시 영업직이기에 맛볼 수 있는 값진 경험이라고 나는 생각한다.

십인십색, 사람은 다양하다. 낯가림이 심한 사람도 있고 약속을 안 지키는 사람도 있다. 개중에는 아무리 이해하려 애를 써도 이해하기 힘든 사람도 있다.

가령 오후 2시에 오라고 해서 오후 1시 55분 즈음에 방문하면 '5분 전이잖아! 지금 나를 우습게 보는 건가?'라며 험악한 표정을 짓는 고객도 있다.

솔직히 말해서 이런 행동은 절대로 이해할 수 없다. 나도 사람인지라 욱하고 분노가 치밀어 오른다.

하지만 영업이 아닌가? 장사가 아닌가?

모든 일에 일일이 이치를 따지고 화를 낸다면 일류가 아니다.

'죄송합니다. 다음부터 주의하도록 하겠습니다'라고 말한다.

이것으로 모든 상황은 종료다. 승부로 따진다면 '승리는 나의 것'이다.

자, 결론이다.

고객이 험악한 말을 퍼붓거나 상식 밖의 행동을 보인다면 그 때는 충격이 아닐 수 없다. 하지만 3년 정도 지나면 '그런 일도 있었지'라며 좋은 경험이었다고 회상하게 될 것이다. 10년 정도 지나면 아주 좋은 이야깃거리가 될 것이다.

그리고 나도 마찬가지인데 이런 험한 꼴을 당하면서도 묵묵히 열심히 노력해온 자신이 자랑스럽게 느껴질 것이다.

그렇기에 나는 이렇게 생각한다.

'납득할 수 없는 충격적인 경험은 거시적인 관점에서 보면 값진 경험'이라고.

그리고 차분하게 담대하게 내 할 일을 하면 귀찮고 성가신 고객이 언젠가 당신의 팬이 되어준다는 사실도 깨닫게 될 것이다. 귀찮은 고객은 당신의 재산이다.

Road to Executive

일류는
담담하게 응대한다.

 귀찮은 고객이야말로 담담하고
성실하게 응대하면 길은 열린다.

● 하고 싶은 일을 하지 못할 때

삼류는 의욕을 잃고
이류는 단념한다.
일류는 무엇을 할까?

요즘은 리스크 매니지먼트의 관점에서 영업의 자유가 제한되기 시작했다.

예를 들어 상사에게 '고객의 부담을 줄이거나 없애기 위해서 이 서류는 생략해 달라'라고 제안해도 '이해는 가지만 어렵다'라는 답변에 부딪히고 만다.

이럴 때 '안 된다니? 아, 이제 우리 회사는…'이라며 의욕을 잃거나 '제안해도 소용없잖아!'라며 단념하는 사람이 있는데, 참으로 안타까운 일이 아닐 수 없다.

하지만 일류 영업맨은 뛰어넘어야 할 여러 산 중의 하나라고 생각한다.

그렇다면 어떻게 하면 그 산을 뛰어넘을 수 있을까?

회사 내부를 움직일 수 있는 방법을 알아야 한다.

요즘은 사내 규칙을 철저하게 준수해야 하는 시대다. 따라서 규칙을 깨고 특례로 대응하지 말고 '규칙을 재검토하기 위해서라도 실험을 좀 해보고 싶다'라고 제안한다.

예를 들어 당신 회사를 둘러보자.

당신 회사의 일류 영업맨은 새로운 실험을 자유롭게 시도하는 것처럼 보이는가?

그렇다면 그들은 사내를 움직이는 논리를 잘 알고 있는 것이다. 그래서 가능한 것이고 그들이 실천하는 방법이야말로 '작은 실험'이다.

10년 이상 영업 달성을 한 번도 놓치지 않았던, 최고 실력을 자랑하는 영업맨의 요령을 소개하겠다.

그 역시도 사내를 움직여서 새로운 규칙을 만든 인물이다.

"지금 경쟁사는 새로운 서비스를 도입하려고 합니다.

그렇게 된다면 최악의 경우 우리는 점유율을 빼앗길 위험에 처하게 됩니다.

그래서 여러분과 논의를 하고 싶은 것입니다. 일이 벌어진 후에 대처요법으로 대응한들 무슨 소용이 있겠습니까?

저는 대응책을 마련하기 위한 실험을 해보고자 합니다. 준비는 다 해놓았습니다."

이렇게 말하고 그는 특별 서비스를 기획했다.

특례가 아니라 미래를 위해서 규칙 자체를 재검토하자는 제안을 내놓은 것이다.

그는 이 기획을 통해서 수백만 엔을 벌어들였고 목표를 달성했다.

어렵게 생각할 필요가 없다.

다음과 같이 삼단논법의 흐름에 따라서 제안해 보자.

일단 '우리는 좀더 매출을 늘릴 수 있습니다'라며 기회를 말한다. 그다음에 '특별 대응으로는 조직의 균형을 깨뜨릴 수 있습니다'라며 거시적인 관점에서 생각해야 한다고 전달한다.

마지막으로 '따라서 일단 기간을 정해서 "작은 실험"을 한번 해보고자 합니다'라고 제안한다. 간단하다. 삼단논법만 기억하면 된다.

이런 대화를 주고받다 보면 분명히 사내를 움직이는 논리가 눈에 보이기 시작할 것이다.

Road to Executive

일류는
작은 실험을 한다.

 일단 '사내 규칙은 바꿀 수 있다'라고 생각하자.

● 야근으로 바쁠 때

삼류는 '회사 상태가 열악하다'고 한탄하고
이류는 '어쩔 수 없다'라며 야근을 한다.
일류는 어떻게 할까?

당신은 야근을 하는 쪽인가? 하지 않는 쪽인가?

회사 방식이 잘못됐다고 비난하거나 울며 겨자 먹기식으로 야근을 한다면 영원히 야근의 늪에서 빠져나올 수 없다.

야근을 없애는 방법을 알려주겠다.

전날 업무를 일찍 마무리하고 그다음 날 아침에 2시간 일찍 출근하는 것이다.

이렇게 말하면 '지금 장난해?'라며 화를 낼지도 모르겠지만 저녁 늦게까지 일하는 것보다 아침으로 일을 돌려서 하는 편이 훨씬 능률적이다. 이는 과학적으로도 증명된 사실이다.

일본 히타치제작소(히타치중앙연구소)의 발표에 따르면 인간의 활동량은 아침부터 천천히 상승 곡선을 타서 오후에 절정에 이르고 그 이후 하향곡선을 그리며 떨어진다고 한다.

즉 '밝을 때 일하는 편이 일의 효과가 훨씬 더 높다'는 것이 증명된 셈이다.

덧붙여 '유니클로'가 본사 근무 시간을 오전 7시부터 오후 4시로 조정한 것이 큰 화제를 불러 모은 적이 있다.

물론 인터넷에서는 다양한 의견이 각축전을 벌였는데, 관계자에게 이유를 직접 듣고서 납득할 수 있었다. '당연히 오전 시간이 일의 효율이 좋다'라고 입을 모았다.

예전에 나는 영업직 3년 차에 야근을 관두기로 결심한 적이 있다. 처음에는 '어쩔 수 없지'라며 야근을 했고 마지막 전철을 타고 귀가했다.

일은 재미있었지만 피로에 찌들어 살았다. 어느 순간 '이대로 더는 안 되겠다'라는 생각이 들었다. 그래서 과감하게 아침 일찍 출근해서 일하기로 마음먹었다.

'나 혼자 섬머타임제를 해보자'라는 각오였다. 모든 시간을 2시간 앞당겨서 시작했다. 취침 시간은 새벽 1시에서 밤 11시로, 기상 시간은 아침 7시에서 새벽 5시로, 집을 나서는 시간은 아침 8시에서 새벽 6시로 앞당겼다.

물론 회사에는 규칙이 있으니 2시간 일찍 출근했다고 해서 2시간 일찍 퇴근할 수는 없다. 그래도 기상 시간을 조금이라도 앞당겨 보자. 하루가 이전보다 상쾌하고 길게 느껴지는 감동을 느낄 수 있을 것이다.

또한 일의 속도도 빨라지고 일의 성과도 오를 것이다.

물론 새로운 시도를 하면 주변에서 '이상한 사람'이라며 색안경을 끼고 볼지도 모른다.

하지만 나는 이렇게 생각한다.

'그 사람에게 내가 피해를 주지 않는다면 괜찮지 않은가?'

일류 영업맨 중에 개성이 강한 사람이 많은 이유는 성격이 별나거나 이상해서가 아니다. 성과를 추구하는 행동이 일반인과 다르기 때문이다.

자, 정리하겠다.

재차 언급하는데 '아침에 일하는 편이 현명한 처사다', 이것이 나의 제안이다.

일류는 야근을
다음 날 아침으로 돌린다.

 일을 내일 아침으로 돌리면(미루는 것이 아니다)
오늘부터 야근을 없앨 수 있다.

삼류는 '동기'와 비교하고
이류는 '동세대'와 비교한다.
일류는 누구와 비교할까?

'동기 중에서 1등'이라는 말을 종종 듣는다.

1등은 자랑스러운 일이기에 신입 시절에는 꼭 이루고 싶은 목표 중 하나일 것이다.

그런데 3년 정도 지나면 동기와 비교하는 것은 무의미할 뿐 다음 단계로 넘어가야 한다.

또한 다른 회사의 동세대와 비교하는 사람도 있는데, 이 역시 부질없는 짓이다.

마치 동세대의 연예인과 자신을 비교하는 것과 무엇이 다른가? 참고로 나는 유명 배우 후쿠야마 마사하루와 같은 또래인데, '나 VS 연예인'을 한들 무슨 의미가 있겠는기? 의미를 부여해서 도출해낼 만한 것이 아무것도 없다.

다시 말해서 인생은 사람마다 다르고 가치관도 다르다.

장점도 다르고 각자의 역할도 다른데, 비교한들 무슨 의미가 있겠는가?

오히려 자신의 미래와 비교하는 것이 더 중요하지 않을까?

내가 존경하는 지인은 '초(超)'라는 수식어가 붙을 정도로 실적에 열정을 퍼붓는 영업맨이었다.

그와 함께 미국으로 여행을 갔을 때의 일이다.

석양이 지는 바닷가 바에서 그는 이렇게 말했다.

'여기 있는 사람들 중 누가 내 영업 목표에 관심이 있겠어?'라며 깔깔깔 웃었다. 씁쓸함이 뒤섞인 웃음이었다.

나는 그의 마음을 이해할 수 있었다.

지금까지 순위 비교를 당하면서 자신을 벼랑 끝으로 밀어붙이면서 실적을 쌓아온 것이다.

그는 돌아오는 버스 안에서 이렇게 말했다.

"앞으로는 나의 미래와 비교할 거야."

그 후에도 그는 1위 자리를 놓치지 않았고 나중에 미국으로 건너가 경영자가 되겠다는 꿈을 이루었다.

나도 27살에 '15년 안에 영업 연수 회사를 차리겠다'라고 결심하고 매일 열정적으로 영업 활동을 했다. 그의 말처럼 나도 내 목표에 얼마나 가까이 다가가고 있는지 생각하면서 매일의 행동을 되돌아보곤 했다.

그런데 영업직이다 보니 역시 순위에 일희일비하지 않을 수는 없었다.

하지만 더 이상 순위가 전부는 아니었다.

사실 목표치가 주는 압박감에 결코 무너지지 않겠다는 강인한 정신력은 기합이나 근성, 타인과의 비교가 아니라 자신과의 비교를 통해서 기를 수 있다.

자신의 미래는 스스로 정하는 것이다. 그러니 정답은 없다. 자신이 정하면 그만이다.

커리어 우먼이든 전업 주부든 육아 대디든 무슨 상관인가? 사장이든 과장이든 전문직이든 아무 상관없다.

자신이 원하는 미래의 모습을 그리고 거기서부터 거꾸로 따져서 지금 자신이 해야 할 일을 생각하고 지금의 자신에게 필요한 것을 정하자.

그리고 6개월마다 잘하고 있는지 스스로 확인해 보자.

이렇게 자신을 자신의 미래와 비교하는 것만으로도 마음에 여유가 생길 것이다.

일류는
미래의 자신과 비교한다.

 남과 비교하지 말고 자신과 비교하면
당신의 앞날은 빛날 것이다.

삼류는 때가 지나기를 기다리고
이류는 눈에 띄지 않도록 숨을 죽인다.
일류는 무엇을 할까?

모든 사람이 그렇듯 영업맨도 마냥 순조로울 수만은 없다.

슬럼프에 빠지면 다 때려치우고 싶을 만큼 힘들다.

하지만 때가 지나기를 기다려도 사람들 눈에 띄지 않으려고 숨을 죽여도 실적은 호전되지 않는다. 또한 두 손 놓고 가만히 있다가 신용도 잃고 평가도 떨어질 수 있다.

예전에 야구 선수 스즈키 이치로를 두 다리 건너 아는 지인에게 이치로 선수가 어떻게 슬럼프를 견디고 이겨냈는지에 대한 이야기를 들은 적이 있다.

"이치로 선수는 슬럼프에 빠졌을 때조차 불안해하지 않았대. 뭘 하면 좋을지가 명확하게 보였기 때문이라지."

영업맨의 슬럼프도 이와 마찬가지가 아닐까?

슬럼프에 빠졌을 때야말로 자신이 해야 할 일이 무엇인지를 명확하게 파악해야 할 때가 아닐까 싶다.

제아무리 뛰어나고 유능한 일류 영업맨일지라도 슬럼프에 빠진다.

하지만 이때 두 손 놓고 가만히 있었다는 이야기는 들어본 적이 없다.

일류 영업맨은 자신이 해야 할 일을 명확하게 파악하고 실행에 옮긴다.

영업 이론의 하나로 '3배 프레의 법칙'이라는 것이 있다.

여기서 '프레'는 프레젠테이션을 말한다. 슬럼프에 빠졌을 때 목표보다 부족한 금액의 3배에 해당하는 양의 프레젠테이션을 기획하면 목표를 달성할 수 있다는 경험칙에서 나온 이론이다.

이는 직접 해보면 알 수 있는데 실제로 프레젠테이션의 양을 3배로 늘리면 목표치를 달성할 수 있다.

'이런 이야기를 고객에게 한들 들어줄까? 안 될지도 모르지만 어쩌면 마음에 들어 하지 않을까?'

'최근에 소식이 뜸했던 고객이라면 관심을 보이지 않을까?'

승률이 제로가 아니라면 일단 움직여 보자. 희망에 가까운, 즉 망상을 하나씩 하나씩 기획서로 구체화해 보는 것이다.

이렇게 하다 보면 우울해할 시간이 없고 평소보다도 더 바삐 움직이게 될 것이다.

자, 결론이다.

슬럼프에 빠졌을 때는 망상이라도 좋으니 평소 양의 3배에 해당하는 제안을 기획해 보자.

3배가 싫다면 4배도 좋다. 3배 이상이기만 하면 몇 배라도 상관없다.

중요한 것은 '자신이 해야 할 일'을 정하는 것이다.

슬럼프는 당신의 가능성을 넓히는 기회이기도 하다.

일류는 평소보다
3배나 더 많은 제안을 한다.

 힘들 때는 자신의 해야 할 일을 정하자.

일류의 '영업 툴'이란?

영업 툴은
당신의 분신(分身)이다

자, 마지막으로 영업 툴(tool)에 대해서 소개하겠다.

나는 일하면서 영업 툴의 도움을 많이 받았다.

조심스러운 성격에 달변가도 아니었던 터라 신입 시절에 신규 고객을 개척하는 영업은 고통 그 자체였다. 자다가 가위에 눌리기 일쑤였고 극심한 스트레스에 시달리곤 했다.

그런데 영업 툴에 대해서 공부하고 개발하면서부터 상황은 달라졌다.

구인 광고 영업을 할 때였는데, 일주일에 한 건이었던 신규 계약 건이 단숨에 다섯 건까지 늘었다(무려 5배다!).

신규 고객 확보뿐만이 아니다. 자주 만나지 못하는 고객과의 관계도 좋아졌고 단골 고객도 늘었다.

그래서 나는 이렇게 생각하기로 했다.

'바빠서 고객을 자주 찾아갈 수 없더라도, 조심스러워서 하고 싶은 말을 편하게 하지 못하더라도 영업 툴이 나를 대신해서 열심히 일해준다'라고.

효과가 좋은 영업 툴을 활용하는 것은 영업맨을 한 명 더 고용하는 것과 동일한 효과를 낸다고 해도 과언이 아니다.

같은 시간에 2배 이상의 성과를 달성할 수 있다(나는 신규 고객 확보를 5배나 올렸다).

이번 장에서는 당신의 분신이 될 영업 툴의 실전 요령을 소개하도록 하겠다.

삼류는 명함만 건네고

이류는 명함과 함께 코멘트를 한다.

일류는 명함과 함께 무엇을 건넬까?

고객과의 첫 만남에서 대부분의 영업맨이 그저 평범하게 특별한 요령 없이 명함을 건넨다.

때로는 명함 한쪽 구석에 '잘 부탁드립니다'라고 적는 사람도 있다.

이것도 물론 훌륭하지만 더 좋은 방법이 있다.

고객은 사업상 명함을 몇백 회나 교환한다. 그런 수많은 명함 속에서 자신의 명함이 살아남아야 한다. 즉 고객의 기억 속에 남아야 하는 것이다.

그러려면 어떻게 해야 할까?

첫 방문에 자신의 프로필(자기소개 영업 툴)을 함께 건네는 방법이 있다(*샘플은 P.188).

A4용지 한 장에 이렇게 적는다.

① 어→ (어떤 사람인가?): 어떤 분야의 프로인가?

② 실→ (실적은 어떤가?): 프로 영업맨으로서 어떤 실적을 쌓아왔는가?(신뢰할 만한가?)

③ 과→ (과제는 무엇인가?): 고객에게 어떤 도움을 주고 싶은가?

나는 여기 '영업 툴'에서 맨 앞 글자들을 따서 '어실과의 법칙'이라고 부른다.

예전에 '신입입니다. 열심히 하겠습니다'라고 적힌 자기소개 영업 툴을 본 적이 있다. '신입'이라는 단어는 고객에게 아무런 의미가 없다. 고객의 마음을 사로잡는 매력적인 단어가 아니다.

실적이 없는 신입이라도 과제는 적을 수 있으니 차라리 과제를 열심히 적는 편이 낫다.

다만 과제라고 해서 어렵게 생각할 필요는 없다. '어떻게 고객에게 도움을 주고 싶은지'에 대해서 적으면 된다.

조금 더 보충하겠다.

주변에 자기소개 영업 툴을 비롯해서 다양한 영업 툴을 사용하지 못하도록 금하는 회사도 있다.

이유는 정보 관리의 관점 등 다양하다.

하지만 허용 범위라는 것이 있으니 상사와의 상담을 통해서 허용 범위를 확인한 후 시도해 보길 바란다.

만일 허용 범위조차 없다면 적어도 명함이나 준비한 자료에 한마디라도 좋으니 코멘트를 적어보자. 그것만으로도 충분히 당신의 인상은 달라질 것이다.

자, 정리하겠다.

영업은 상품을 팔기 이전에 자기 자신을 파는 행위다.

개중에는 '자신을 팔지 않고 상품을 팔아야 한다'라고 말하는 사람도 있다. 이는 영업을 잘 모르는 사람이 하는 소리다.

고객에게 '이 사람에게 사고 싶다'라는 마음이 들게끔 하는 '무언가'가 있기에 실적에서 격차가 벌어지는 것이다.

조금이라도 고객에게 자신을 알리기 위해서 할 수 있는 자그마한 일을 생각하는 것, 이것이 바로 영업의 정답이다.

Road to Executive

일류는 명함과 함께
'자기소개 툴'을 건넨다.

 상품을 팔기 이전에 자신을 팔아라.

삼류는 '신상품 안내'를 하고
이류는 '전시회(fair) 안내'를 한다.
일류는 무엇을 할까?

영업은 한 번의 인사, 한 번의 계약으로 고객과의 관계를 유지할 수 없다.

오히려 첫 만남 이후부터 고객과의 관계를 강화해 나갈 자기만의 방법을 연구해야 한다.

'신상품 알림'이나 '전시회 안내' 등 지속적으로 고객에게 연락을 취하는 행동도 그중 하나다. 물론 의미 있는 일이지만 이것만으로는 고객과의 관계를 돈독히 다지기 어렵다.

그래서 일류 영업맨은 다른 영업맨이 하지 않는 행동을 한다.

바로 '시리즈 영업 툴'을 준비한다(*샘플은 P.189).

'시리즈 영업 툴'이란 고객에게 정기적으로 전달하는 영업 툴을 말한다.

시리즈 영업 툴에는 고객이 알고 싶어 하는 정보를 담는데 회사에서 준비한 업계 정보도 좋고 경우에 따라서는 신문이나 잡지에 실린 기사를 참고해서 작성해도 좋다.

예를 들어 '1월 21일 닛케이신문에 따르면 최근에는 … 한다'라고 소개하는 식이다.

다만 신문에 실린 기사를 그대로 복사해서 붙이는 것은 저작권법에 저촉되므로 주의해야 한다.

따라서 유능한 영업맨은 경제 신문은 물론 업계 신문이나 전문 잡지를 반드시 읽는다. 인터넷 뉴스는 정보가 방대해서 비즈니스 정보로는 활용하기 어렵다. 반드시 신문이나 전문 잡지를 확인한다.

시리즈 영업 툴의 사례를 소개하겠다.

외국계 생명보험사의 일류 영업맨이 사용하고 있는 시리즈 영업 툴이다. 그는 상품 안내와 별도로 'ㅇㅇ통신'이라는 자신만의 툴을 만들어 보험이나 라이프 플랜 지식을 지속적으로 고객에게 전달한다(ㅇㅇ은 영업맨의 성이다).

음식 정보지의 일류 영업맨도 '△△저널'이라는 음식점 집객(集客) 노하우를 실은 시리즈 영업 툴을 활용하여 지역 고객에게 전달한다(△△은 지역명이다).

둘 다 A4용지 한 장 분량이다.

개중에는 메일 매거진의 형태로 시리즈 영업 툴을 발행하는 영업맨도 있다.

예전에 인재 육성 노하우를 메일 매거진으로 소개하는 영업맨이 있었는데, 그의 고객이 하는 말이 '메일 매거진을 전국 지점장에게 전송한다'고 한다. 자신도 모르는 곳에서 자신의 분신이 전국적으로 확산되고 있는 것이다.

그런데 이렇게 하려면 얼마만큼의 시간과 노력을 들여야 할까?

다행히도 생각만큼 그리 오래 걸리지 않는다.

정보를 수집하는 습관만 기르면 소재를 찾느라 시간을 낭비할 필요가 없고 포맷을 정해두면 문장을 삽입하는 것만으로 끝이다.

한 달에 한 번 정도 블로그를 갱신한다고 생각하면 그리 수고스럽지 않지 않은가?

물론 대형 산업재와 같이 시리즈 영업 툴이 익숙하지 않은 업계도 있다. 그런데 그런 업계야말로 실제로 해보면 더 재미있을지도 모를 일이다.

'어떤 업종이든 예정조화적인 상관습을 깨보자!'

이 역시 영업의 예술이 아닐까?

시리즈 영업 툴이 당신과 고객 사이의 유대감을 더욱 돈독히 다져줄 것이다.

일류는 고객이 알고 싶은 정보를
지속적으로 전달한다.

 명함 교환 후에는 시리즈 툴로
고객과의 유대감을 강화하자.

안녕하세요, 반갑습니다!
시스템솔루션
서울 담당자 황진희입니다!

자신의 직위를 적는다.

여러분의 파트너로서 도움을 드리기 위해서 최선을 다하겠습니다!
보안 대책에 참고하시면 좋을 유익한 정보도 만들었습니다.
자료만이라도 가져다드릴 테니 언제든지 편하게 연락 주세요.
바로 달려가겠습니다!

직접 쓰거나 수기 스타일의 문체를 선택한다(이 문체는 굴림체).

• 어느 분야의 전문가인지
• 실적
• 과제를 적는다 (어, 실, 과).

• 보안 컨설턴트(✕✕✕✕ 자격 보유)
• 300개 사가 도입함
• '이 정도면 됐다'에서 멈추지 않고 '반드시 한다'가 좌우명
• 서울특별시 출신
• 초등학생 때부터 검도를 시작해서 체력 하나는 자신 있다!

주식회사 시스템솔루션
서울영업소 보안팀
010-1234-✕✕✕✕
ghkdwls.y@✕✕✕✕

곧바로 달려가겠다는 의지가 엿보이는 사진

황진희 인포메이션
(20**년 8월호)

안녕하세요! 시스템솔루션의 황진희입니다.
무더위가 기승을 부리는 가운데 건강하게 잘 지내고 계신지요?
이번 호에서는 '여유 세대'의 매니지먼트 요령에 대해서 소개하고자 합니다!

- **인재 육성 담당자를 정한다.**
  ※※※※※※※※※※※※※※※※※※※※※※※※※※※※※※※※
  ※※※※※※※※※※※※※※※※※※※※※※※※※※※※※※※※
  ※※※※※※※※※※※※※※※※※※※※※※※※※※※※※※※※

- **주의를 주기 전에 칭찬한다.**
  ※※※※※※※※※※※※※※※※※※※※※※※※※※※※※※※※
  ※※※※※※※※※※※※※※※※※※※※※※※※※※※※※※※※
  ※※※※※※※※※※※※※※※※※※※※※※※※※※※※※※※※

- **이유를 듣는다. (그다음에 해결 방법이 있다는 것을 알려줌)**
  ※※※※※※※※※※※※※※※※※※※※※※※※※※※※※※※※
  ※※※※※※※※※※※※※※※※※※※※※※※※※※※※※※※※
  ※※※※※※※※※※※※※※※※※※※※※※※※※※※※※※※※

- **지시하기 전에 '어떻게 하고 싶은지'를 묻는다.**
  ※※※※※※※※※※※※※※※※※※※※※※※※※※※※※※※※
  ※※※※※※※※※※※※※※※※※※※※※※※※※※※※※※※※
  ※※※※※※※※※※※※※※※※※※※※※※※※※※※※※※※※

시스템솔루션
황진희입니다!

주식회사 시스템솔루션
서울영업소 보안팀
010-12.34-****
ghkdwls.y@****

직접 만나지 않아도 '얼굴'을 기억할 수 있는 방법을 생각한다.

회사에서 준비한 업계 정보나 경우에 따라서 신문, 잡지에 게재된 기사를 참고로 적는다.

● 영업 툴을 작성하는 목적

삼류는 '공들인 툴'로 눈길을 사로잡고
이류는 '알짜 정보'로 관심을 끈다.
일류는 어떻게 할까?

영업 툴을 작성하는 가장 큰 목적은 계약 건수를 비약적으로 늘리기 위해서다.

이미 존재하는 '수요'를 획득하는 것만으로는 비약적으로 늘지 않는다.

'고객의 수요를 환기(boost the demand)'해야 비로소 거래나 계약 건수가 폭발적으로 증가한다.

그래서 눈에 띄는 전단지를 작성하는 것만으로는 부족하다.

많은 영업맨이 전시회나 캠페인 알짜 정보를 정기적으로 고객에게 전달하기도 하는데, 이 역시 수요를 환기하는 것이 아니므로 계약 건수는 비약적으로 늘지 않는다.

경우에 따라서 할인으로 객단가를 낮출 뿐이다. 따라서 '고객의 수요를 환기'하려면 영업 툴을 작성하는 것이 정답이다.

당신에게 추천하고 싶은 방법이 있다.

바로 **'정보 메뉴'를 보여주는 방법**이다(*샘플은 P.198).

이 방법이야말로 아는 사람은 다 아는 숨겨진 고객의 수요를 환기하고 발굴할 수 있는 획기적인 방법이다.

이 역시 A4 한 장에 작성한다.

다음의 두 가지 사항을 적는다.

- '필요한 정보를 바로 알려드리겠습니다!'라고 기재한다.
- 하단에 다섯 가지 정도의 '정보 메뉴'를 적는다.

마치 음식점 메뉴판 같지 않은가?

정보 메뉴를 완성했다면 이를 이용해서 히어링을 진행한다.

"여기에서 관심이 있는 정보가 있으십니까?"

"두 번째 사업 계승에 관한 정보가…."

"네, 알겠습니다. 사업 계승은…. 그런데 혹시 무슨 일이라도 있으신지요?"

숨겨진 고객의 수요가 환기되는 순간이다.

정보 메뉴는 다음과 같은 순서로 작성한다.

① 일단 고객의 입장에서 '고민이 되는 부분'을 생각해 본다.

② 고객이 좋아하고 기뻐할 만한 정보를 찾는다(회사에 있는 정보 도 좋고 인터넷에서 찾아봐도 좋다).

③ 수집한 정보를 다섯 가지로 추리고 '메뉴'에 싣는다.

어렵게 생각할 필요가 없다.

정답이 있는 것이 아니니까. 당신이 좋다고 생각하면 그것이 정답이다.

자, 정리하겠다.

보통의 영업맨이 수요를 획득할 방법을 고민할 때 일류 영업맨 은 수요를 환기해서 창출할 생각을 한다.

이런 차이가 성과로 나타나는 것이다.

'정보(자료) 메뉴'라는 툴로 새로운 수요를 환기해 보길 바란다.

일류는
'정보 메뉴'를 준비한다.

 수요 환기를 위해서 '정보 메뉴'를 작성해 보자.

● 판매 전략과 강점

삼류는 '새로움'을 내세우고
이류는 '넘버원'을 내세운다.
일류는 무엇을 강조할까?

나는 종종 연수나 강의에서 수강생을 일부러 곤란하게 만들 때가 있다.

롤 플레이 시간에 이런 질문을 던진다.

"그건 그렇고 서비스는 다른 회사와 어떤 점이 다릅니까?"

"네, 저희 회사가 업계 최고입니다. 지명도 또한 넘버원이죠."

나는 다시 이렇게 질문한다.

"다른 회사도 넘버원이라고 하던데요. 뭐가 어떻게 다른가요?"

"네, 저희는 ○○○에서 넘버원입니다. 지표가 다릅니다."

그러면 나는 또다시 이렇게 질문한다.

"그게 저한테는 뭐가 좋은 거죠?"

"아, 그게, 그러니까…."

이처럼 '업계 최고', '업계 최초', '넘버원'을 아무리 강조해도 생각만큼 고객의 마음은 사로잡기 어렵다. 그렇다면 일류 영업맨은 무엇을 강조할까?

고객에게는 '넘버원'도 '성능'도 아닌 '다른 곳에서는 얻을 수 없는 이득이나 강점'을 강조하고 전달한다.

그런데 이를 단적으로 쉽게 전달하기란 쉽지 않다.

그래서 '다른 곳에서는 얻을 수 없는 이득이나 강점'을 단적으로 보여줄 영업 툴이 필요한 것이다.

그 툴을 가리켜 나는 'USP 툴'라고 부른다(*샘플은 P.199).

'USP(Unique Selling Proposition)'란 '독자적인 강점'을 뜻하는 마케팅 용어로 이를 효과적으로 전달하는 툴이 바로 'USP 툴'이다.

예를 들어 설명하면 다음과 같다.

"업계 최고, 넘버원 연료입니다."

- "따라서 주유하러 가는 횟수를 줄일 수 있습니다."(주유소가 없는 지역에 사는 사람)
- "따라서 매일 자동차를 타면 연간 10만 엔의 경비를 절감할

수 있습니다."(생활비를 신경 쓰는 사람)

여기까지 언급해야 비로소 USP라고 할 수 있다.

'왠지 어렵다'라고 느껴질지 모르겠지만 USP 작성법은 간단하다. 당신의 상품과 서비스를 통해서 고객이 어떤 장점과 이득을 누릴 수 있는지 문장으로 적으면 된다.

즉 '효능이나 효과'를 문장화하면 그것이 USP다.

당신이 담당하는 상품이나 서비스로 고객의 '무엇'을 해결할 수 있는지, 일단 이 부분부터 정리해 보자. 만일 효능과 효과를 숫자로 표현할 수 있다면 그렇게 적자. 고객에게 훨씬 더 전달하기 수월하다.

USP는 구두로 전달하는 것보다 툴로 전달하는 편이 훨씬 더 기억에 남는다.

일단 고객이 '해결하고 싶은 것'이 무엇인지를 생각해 보자.

분명히 당신이 담당하는 서비스의 USP가 보일 것이다.

일류는 'USP'를 강조한다.

 영업 툴에 'USP'를 싣는다.

정보 메뉴의 예시

'알짜 정보 자료' 무료 배포 중!

 소중한 인연인 당신에게 도움을 드리고자 고급 정보를 보내드립니다.

원하시는 자료의 번호에 ㅇ표를 하시어 팩스(02-000-0000)로 보내주세요.

No	알짜 정보 메뉴	
1	법 개정의 포인트	* *
2	계약직 사원 채용포인트	* *
3	계약직 사원 채용의 성공사례	* *
4	계약직 사원의 의식조사	* *
5	계약직 사원의 급여조사	* *

고객의 관심이 높을 것 같은 자료를 메뉴화

회사명			
부서		성명	
전화번호		메일	
주소			

팩스나 메일로도 자료를 보낼 수 있도록 한다.

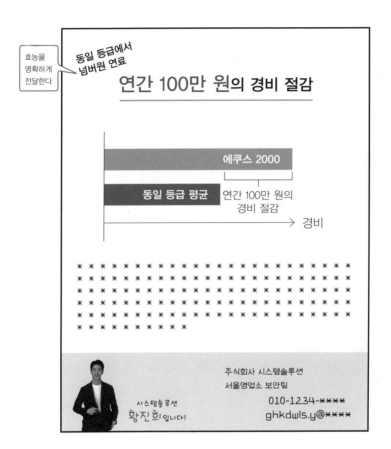

효능을 명확하게 전달한다

동일 등급에서 넘버원 연료

연간 100만 원의 경비 절감

에쿠스 2000

동일 등급 평균

연간 100만 원의 경비 절감

→ 경비

주식회사 시스템솔루션
서울영업소 보안팀

010-1234-****

ghkdwls.y@****

시스템솔루션
황진희입니다!

삼류는 '거래 실적'만을 적고
이류는 '성공 사례'도 함께 적는다.
일류는 무엇을 기재하고 소개할까?

'이제는 이 상품이 없으면 살 수가 없어요!'

홈쇼핑 방송을 보면 이런 실구매자의 목소리를 반드시 접하게 된다.

이는 아마존의 이용자 리뷰나 맛집 탐방 사이트의 입소문과 같은 구조다.

제3자의 평가에 신빙성을 얻으려는 것이 소비자 심리다.

영업용 팸플릿을 보면 대부분 '거래 실적'을 싣는데, 이것만으로 고객은 납득하기 어렵다.

그래서 문제를 해결한 '성공 사례'를 실어서 신빙성을 얻으려고 노력한다.

하지만 여기서 만족해서는 안 된다. 일류 영업맨은 그보다 한발 더 앞서 나가기 때문이다.

그들은 실적만이 아니라 '고객 평가'도 함께 싣는다.

'고객 평가'는 신빙성을 높일 뿐만 아니라 효과도 절대적이다.

나의 사례를 소개하겠다.

나는 주로 인터넷 문의가 많아서 인터넷에 게재한다.

'연 200회를 넘는 연수와 코칭, 재수강율 90% 이상'이라고 게재하는데, 이를 뒷받침하는 고객 코멘트도 함께 싣는다.

예를 들어 '직원의 이름을 모두 외울 정도로 가족처럼 일해준다'와 같은 코멘트다. 영광스럽게도 실제로 고객에게 받은 평가다. 낯간지러워서 도저히 내 입으로는 말할 수 없는 평가다. 역시 고객의 목소리는 본인이 백 번 말하는 것보다 압도적인 신빙성을 자랑한다.

그렇다면 고객 코멘트는 어떻게 하면 받을 수 있을까?

나는 코멘트를 받을 때 특별한 인센티브를 제공하지 않는다.

정중하게 부탁할 뿐이다.

그렇기에 내가 받는 코멘트는 고객이 베푼 호의다(진심으로 감사드린다).

어떤 사람은 코멘트를 받으려고 할인을 해주거나 돈을 지불하기도 한다고 들었다.

그런데 이런 특별한 대가를 제공하면 정보는 거짓이 되고 들통이 났을 때 모두에게 피해가 간다.

지금은 법령 준수(compliance)가 엄격한 시대다. 정직이 제일이다. 나는 실제로 이렇게 부탁한다.

"저희가 제공하는 서비스를 더 많은 사람들이 알았으면 하는데, 장점이 잘 전달되지 않아서 고민입니다. 고객의 솔직한 의견을 게재하면 서비스 특징이 잘 전달될 것 같은데, 혹시 괜찮으시다면 추천 코멘트를 부탁드려도 될까요? 만일 바쁘신데 방해가 되었다면 진심으로 사과드립니다."

이렇게 정중하게 부탁한다.

코멘트를 써줘 봤자 고객에게는 아무런 이득이 없다.

그래서 코멘트를 보내주는 고객에게는 항상 감사의 마음을 갖고 산다.

자, 정리하겠다.

고객의 호의에 기대서라도 코멘트를 받아서 영업 툴을 작성해 보길 바란다. 영업맨이 자기 입으로 수백 번 떠드는 것보다 훨씬 더 효과적으로 전달될 것이다.

Road to Executive

일류는 한발 더 나아가 '고객 평가'도 소개한다.

 고객의 목소리를 실을 수 있는
영업 툴을 작성하자.

● 영업 툴을 배포할 때

삼류는 '배포하는 것만'을 생각하고
이류는 '버려지지 않았으면'하고 바란다.
일류는 어떤 생각을 할까?

다음은 영업 툴 자체가 아니라 영업 툴을 몇 배나 잘 활용할 수 있는 방법에 대해서 다루고자 한다.

당신이 고객에게 건넨 영업 관리 툴.

혹시 몇 퍼센트의 확률로 버려지는지 아는가?

유감스럽게도 이틀이 지나면 99%가 버려진다.

1,000명에게 배부하면 990명은 버리는 꼴이다.

이렇게 되면 '버려지는데 왜 이렇게 노력해서 만들어야 하지?'라는 허무한 생각마저 들 것이다.

그래서 대부분의 영업맨이 고객이 버리지 않을 '좋은 팸플릿'을 준비하는데, 이 역시도 버려지고 만다. '인터넷으로 찾아보면 된다'라고 생각하기 때문이다. 그런데 인터넷으로 찾아보려면 고객이 그 존재 자체를 기억해야 볼 수 있다.

그래서 많은 영업맨이 '클리어 파일'을 준비한다. 고객이 내용물은 버리더라도 대개 클리어 파일은 버리지 않기 때문이다.

클리어 파일에 회사명과 연락처를 인쇄해 두면 10년 정도는 고객의 곁에서 살아남는 영업 툴이 된다. 나도 이 방법은 적극적으로 추천하는 바이다.

이번에는 영업 실적과 성과를 높이는 노하우를 소개하고자 한다.

바로 영업 툴을 건넨 후에 반드시 이틀 안에 고객을 재방문하거나 전화는 거는 방법이다.

관심은 있는데 '일부러 물어보기는 그렇다'라고 생각하는 고객이 적지 않기 때문이다. 사실 여기에 많은 기회가 숨어 있다.

내가 실제로 겪었던 일이다.

얼마 전에 사무실로 돌아오니 '○○신탁은행의 영업 툴'이 책상에 놓여 있었다. 영업맨이 놓고 간 모양이었다.

사실 그때까지 투자에 그다지 큰 관심은 없었다. 그런데 영업 툴을 보고 미래를 생각해 보니 살짝 관심이 생기기도 했다. 만일 지금 당장 영업맨에게 전화가 걸려온다면 문의만이라도 해보고 싶은 생각이 들었다. 하지만 내가 일부러 전화를 걸 정도는 아니라서 영업맨이 놓고 간 영업 툴을 그대로 방치했다.

얼마 후 문득 이런 생각이 들었다.

'그때 그 은행이 어디였더라? 이름조차 기억하지 못하는군'

영업맨이 놓고 간 영업 툴은 그 어디에도 없다. 버렸으니까.

그런데 만일 영업맨에게 이틀 후에 전화가 걸려왔다면 상황은 달라졌을 것이다. '그래, 이왕 이렇게 연락이 왔으니 이야기라도 들어보자'라고 생각했을 테니까.

"안녕하세요. 제가 얼마 전에 투자 관련 서류를 책상에 두고 온, ○○신탁은행 ○○지점의 투자 어드바이저 ○○○라고 합니다. 자리에 안 계셔서 자료만 두고 왔는데, 자료를 좀 살펴보셨을까요? 최근 투자 경향과 정보도 알려드리고자 하오니 만일 관심이 있으시다면 인사도 드릴 겸 찾아뵙고 싶습니다. 혹시 투자 상품에 관심이 있으신가요?"

자, 결론이다.

- 영업 툴은 클리어 파일에 넣어서 건넨다.
- 건넬 때는 가능하면 고객의 전화번호와 재택시간을 확인한다.
- 나중에 반드시 다시 연락한다(용기가 필요한데, 그만큼 대가가 돌아온다).

이 세 가지를 실천하는 것만으로 영업 실적은 비약적으로 상승할 것이다.

Road to Executive

일류는
'건넨 후의 연락'을 생각한다.

 이틀 이내에 고객에게 연락하자.

● 고객과의 관계 형성을 위해서 보내는 것

삼류는 '연하장'만을 보내고
이류는 '감사장'을 보낸다.
일류는 무엇을 보낼까?

만일 고객에게 연하장을 보내는 것만으로 관계를 형성할 수 있다고 생각한다면 큰 오산이다. 영업맨이 보내준 연하장에 박수를 치며 '기뻐할 고객'은 극히 드물다.

나는 비즈니스 상담 후에 '감사 카드'를 보낸다. 이렇게 하면 '제대로 된 영업맨'이라는 인상을 심을 수 있기 때문이다.

메일이나 엽서 등 간단한 형식이라도 좋다. 일단 실천해 보자.

다만 기억해야 할 것이 있다. 연하장이나 감사 카드가 고객과의 관계를 돈독히 다져주지는 못한다. 그런 파워(효과)는 없다.

따라서 내가 추천하고 싶은 방법은 '스터디나 모임을 기획해서 고객을 초대하는 것'이다.

이 방법은 상당히 효과적이고 나 역시 큰 도움을 받았다.

대학교를 갓 졸업한 신입을 대상으로 구인 영업을 했을 때도 그랬다.

당시 나는 '회사에 대해서 재미있게 알아가는 게임 형식의 회사 설명회'를 개최하고 싶은 아이디어가 떠올랐다.

그래서 상사에게 승인을 받아서 고객을 위한 스터디 모임을 기획했다.

이름하여 '게임 형식의 설명회 모의 체험'이었다.

30명 정원이었는데, 내 고객과 동료 직원의 고객으로 금방 채워졌다.

만일 '연하장을 드리겠다'고 했다면 30명이 다 찼을까?

물론 스터디 모임이 끝난 후에는 비즈니스 상담으로 이어나갔다.

실제로 이 방법은 하고 있는 회사는 하고 있다.

이른바 '세미나 세일링'라는 것이다.

고객에게 감사 인사를 받을 수도 있고 관계도 돈독해지는 것은 물론 비즈니스 상담으로 이어나갈 수 있다. 그야말로 일석삼조다.

그리고 생각보다 간단하게 할 수 있다.

알짜 정보 교환을 목적으로 한다면 10~30명 정도의 규모면 충분하다.

이 정도라면 사내 회의실에서도 가능하다.

- 주제를 정한다
- 시간을 정한다(2시간 정도)
- 사회자를 정한다(자신이 직접 해도 된다)
- 자료를 작성한다
- 안내장을 작성한다
- 이메일 또는 직접 전달한다
- 그런 다음에 희망자에 한해서 교류회를 준비해 둔다(참가를 위한 사전 교섭을 해둔다)

규모에 따라서 다르겠지만, 준비물이나 과정이 사내 회의 준비와 별반 다르지 않다.

자, 정리하겠다.

연하장이나 감사 카드도 중요하지만 고객에게 감사 인사를 받을 정도의 효과는 없다.

하지만 스터디 모임은 반드시 고객에게 감사 인사를 받을 수 있다.

감당해야 할 리스크가 없는데 대가는 크다.

실행하지 않을 이유가 없지 않은가?

주제를 정해서 스터디 모임을 기획해 보자.

분명히 고객과의 관계가 이전과 확연히 달라질 것이다.

Road to Executive

일류는
'초대장'을 보낸다.

 일단 10~30명 정도의 스터디 모임을 주최해 보자.

역자 소개 | 이지현

이화여자대학교 의류직물학과를 졸업하고 일본 여자대학교로 교환 유학을 다녀왔다. 이화여자대학교 통번역대학원 한일번역과를 졸업했다. 현재 엔터스코리아 일본어 번역가로 활동 중이다.
주요 역서로는 《영업의 신 100법칙》《100일을 디자인하라》《스틸》《2035년의 세계》《접객의 일류, 이류, 삼류》《부자의 관점》《세상의 이치를 터놓고 말하다》《Win의 거듭제곱》《하루 커피 세잔》《인생에서 가장 소중한 것은 서점에 있다》 등의 다수가 있다.

영업의 일류, 이류, 삼류

1판 1쇄 발행 2022년 4월 11일

지은이 이바 마사야스
옮긴이 이지현
발행인 최봉규

발행처 지상사(청홍)
등록번호 제2017-000075호
등록일자 2002. 8. 23.
주소 서울특별시 용산구 효창원로64길 6 일진빌딩 2층
우편번호 04317
전화번호 02)3453-6111, 팩시밀리 02)3452-1440
홈페이지 www.jisangsa.co.kr
이메일 jhj-9020@hanmail.net

ISBN 978-89-6502-314-2   03320

영업은 대본이 9할

가가타 히로유키 / 정지영

이 책에서 전달하는 것은 영업 교육의 전문가인 저자가 대본 영업 세미
나에서 가르치고 있는 영업의 핵심, 즉 영업 대본을 작성하고 다듬는 지
식이다. 대본이란 '구매 심리를 토대로 고객이 갖고 싶다고 "느끼는 마
음"을 자연히 끌어내는 상담의 각본'을 말한다.

값 15,800원 국판(148*210) 237쪽
ISBN978-89-6502-295-4 2020/12 발행

영업의 神신 100법칙

하야카와 마사루 / 이지현

인생의 고난과 역경을 극복하기 위해서는 '강인함'이 반드시 필요하다.
내면에 숨겨진 '독기'와도 같은 '절대 흔들리지 않는 용맹스러운 강인함'
이 있어야 비로소 질척거리지 않는 온화한 자태를 뽐낼 수 있고, '부처'
와 같은 평온한 미소로 침착하게 행동하는 100법칙이다.

값 14,700원 국판(148*210) 232쪽
ISBN978-89-6502-287-9 2019/5 발행

리더의 神신 100법칙

하야카와 마사루 / 김진연

리더가 다른 우수한 팀을 맡게 되었다. 하지만 그 팀의 생산성은 틀림없
이 떨어진다. 새로운 다른 문제로 고민에 휩싸일 것이 뻔하기 때문이다.
그런데 이번에는 팀 멤버를 탓하지 않고 자기 '능력이 부족해서'라며 언
뜻 보기에 깨끗하게 인정하는 듯한 발언을 하는 리더도 있다.

값 15,000원 국판(148*210) 228쪽
ISBN978-89-6502-292-3 2020/8 발행

주식 차트의 神신 100법칙

이시이 카츠토시 / 이정은

저자는 말한다. 이 책은 여러 책에 숟가락이나 얻으려고 쓴 책이 아니다. 사케다 신고가를 기본으로 실제 눈앞에 보이는 각 종목의 움직임과 조합을 바탕으로 언제 매매하여 이익을 얻을 것인지를 실시간 동향을 설명하며 매매전법을 통해 생각해 보고자 한다.

값 16,000원 국판(148*210) 236쪽
ISBN978-89-6502-299-2 2021/2 발행

주식 데이트레이딩의 神신 100법칙

이시이 카츠토시 / 이정미

옛날 장사에 비유하면 아침에 싼 곳에서 사서 하루 안에 팔아치우는 장사다. '오버나잇' 즉 그날의 자금을 주식 시장에 남기는 일을 하지 않는다. 다음 날은 다시 그날의 기회가 가장 큰 종목을 선택해서 승부한다. 이제 개인 투자자 대다수가 실시하는 투자 스타일일 것이다.

값 16,000원 국판(148*210) 248쪽
ISBN978-89-6502-307-4 2021/10 발행

경매 교과서

설마 안정일

저자가 기초반 강의할 때 사용하는 피피티 자료랑 제본해서 나눠준 교재를 정리해서 정식 책으로 훌긴히게 됐다. A4 용시에 세본해서 나눠순 교재를 정식 책으로 출간해 보니 감회가 새롭다. 지난 16년간 경매를 하면서 또는 교육을 하면서 여러분에게 꼭 하고 싶었던…

값 17,000원 사륙배판(188*257) 203쪽
ISBN978-89-6502-300-5 2021/3 발행

「마음」을 알면 물건이 팔린다

카게 코지 / 박재영

사람은 논리적으로 행동하지 않는다. 본인은 논리적으로 행동한다고 인식한 순간에도 '마음'이 어떠한 영향을 받는다. 골치 아프게 자기 스스로도 그 사실을 인식하지 못한다. 유감스럽게도 여러분이 알고 있는 마케팅 수법이나 도구를 사용해 봤자 마음을 찾을 수 없다.

값 16,500원 국판(148*210) 248쪽
ISBN978-89-6502-310-4 2022/1 발행

꾸준함으로 유혹하라

유송자

단기간에 MDRT회원이 되었다. 꿈 너머 꿈이라고 했던가. 목표 넘어 목표라고 했던가. 100주 만 해보자 하고 시작했던 것이 700주를 넘겼고 1,550주를 향해 달려가고 있다. 뿐만 아니라 2008년 첫 MDRT회원이 되어 14년을 유지해 종신회원이 되었다.

값 16,000원 국판(148*210) 248쪽
ISBN978-89-6502-304-3 2021/7 발행

문과 출신도 쉽게 배우는 통계학

다카하시 신, 고 가즈키 / 오시연

빅데이터, 데이터 사이언스, 데이터 드리븐 경영 등 최근 비즈니스 분야에서는 툭하면 '데이터'라는 단어가 따라다닌다. 그때 종종 같이 얼굴을 내미는 녀석이 통계학이다. 만약 수학을 싫어하는 사람들을 모아서 '아주 편리해 보이지만 잘 모르는 학문 순위'를 만든다면…

값 16,000원 신국판(153*224) 240쪽
ISBN978-89-6502-311-1 2022/2 발행

세상에서 가장 쉬운 통계학 입문

고지마 히로유키 / 박주영

이 책은 복잡한 공식과 기호는 하나도 사용하지 않고 사칙연산과 제곱, 루트 등 중학교 기초수학만으로 통계학의 기초를 확실히 잡아준다. 마케팅을 위한 데이터 분석, 금융상품의 리스크와 수익률 분석, 주식과 환율의 변동률 분석 등 쏟아지는 데이터…

값 12,800원 신국판(153*224) 240쪽
ISBN978-89-90994-00-4 2009/12 발행

세상에서 가장 쉬운 베이즈통계학 입문

고지마 히로유키 / 장은정

베이즈통계는 인터넷의 보급과 맞물려 비즈니스에 활용되고 있다. 인터넷에서는 고객의 구매 행동이나 검색 행동 이력이 자동으로 수집되는데, 그로부터 고객의 '타입'을 추정하려면 전통적인 통계학보다 베이즈통계를 활용하는 편이 압도적으로 뛰어나기 때문이다.

값 15,500원 신국판(153*224) 300쪽
ISBN978-89-6502-271-8 2017/4 발행

만화로 아주 쉽게 배우는 통계학

고지마 히로유키 / 오시연

비즈니스에서 통계학은 필수 항목으로 자리 잡았다. 그 배경에는 시장 등향을 과힉직으로 싼난하기 뷔해 비즈니스에 마케팅 기법을 도입한 미국 기업들이 많다. 마케팅은 소비자의 선호를 파악하는 것이 가장 중요하다. 마케터는 통계학을 이용하여 시장조사 한다.

값 15,000원 국판(148*210) 256쪽
ISBN978-89-6502-281-7 2018/2 발행